Jürgen Wilbert

Gemischte Tüte.
Gero-Episoden und andere Kurzgeschichten

Jürgen Wilbert

Gemischte Tüte

Gero-Episoden
und andere Kurzgeschichten

Jürgen Wilbert

Gemischte Tüte.
Gero-Episoden und andere Kurzgeschichten

Düsseldorf 2024

VERLAG
Edition Virgines
www.editionvirgines.de | editionvirgines@t-online.de

DRUCK
docupoint

ABBILDUNG
© Coverfoto: Rainald Hüwe - Gemischte Tüte

ISBN
978-3-910246-30-0

Die beschriebenen Personen und Begebenheiten sind weitestgehend authentisch, bis auf diejenigen, die rein fiktiv sind.

Inhalt

Das Leben ist nicht das, was man erlebt hat,
sondern woran man sich erinnert und wie man sich erinnert,
um es zu erzählen.

Gabriel Garcia Márquez

1) Die Kuchenparade

In der Konditorei zeigt die Uhr gleich viertel nach drei ... Nein, hier geht es nicht um das tägliche Kaffeekränzchen mit Mathilde, Ottilie, Marie und Liliane, das Udo Jürgens in seinem Lied „Aber bitte mit Sahne“ so trefflich besungen hat. Hier geht es vielmehr um das appetitliche Kuchenbuffet; und das alteingesessene Café füllt sich allmählich. In der hellerleuchteten Vitrine im Eingangsbereich steigt die Spannung; das tägliche Gerangel um die besten Plätze bei der Tortenparade ist längst entschieden: jedes Stück Backwerk will schließlich ins rechte Licht gerückt werden. Das gilt auch für Außenseiter wie die Schweineöhrchen und die Plunderteilchen. Die Kuchenmesser und Tortenheber warten begierig auf ihren Einsatz.

Den besten Start hat wieder mal die Schwarzwälder Kirschtorte erwischt, sie legt mächtig vor; auch die Frucht-Joghurt-Schnitte ist schlankweg der Renner. Kirsch- und Apfelstreusel hingegen halten sich eher bedeckt. Sie kriegen heute Nachmittag ebenso keine Schnitte wie die Marmor- und Sandkuchen, die sich kleinlaut in die hinterste Ecke verkrümelt haben. Der Frankfurter Kranz hat an diesem Nachmittag eindeutig den Start verschlafen. Noch nicht richtig in die Gänge gekommen ist der gebackene Käsekuchen, er hat sich offenbar von seinem Sturz noch nicht erholt. Doch Geduld, er ist traditionsgemäß ein Dauerbrenner und hat schon so manche neue Kuchenkreation überlebt. Ausgesprochen reserviert präsentiert sich heute die Kapuzinertorte, sie ist heute ausgesprochen blass gepudert; sie kommt bekanntermaßen immer etwas später in Schwung. Der Windbeutel hingegen kommt wieder recht aufgeplustert daher. Nicht von ungefähr gilt er als der Luftikus unter den Backwaren. Kaum ins Auge fallen die Amerikaner, trotz ihrer Glasur, und die Mandelhörnchen auf den hinteren Plätzen, doch daran haben sie sich inzwischen gewöhnt und nehmen es längst nicht mehr krumm. Denn sie wissen, ihre große Stunde schlägt immer um die Mittagszeit, wenn die Schüler:innen nach Schulschluss in die Bäckerei kommen und sie liebevoll in die Hand nehmen.

Eine Außenseiterrolle spielen an diesem Nachmittag auch die Thusnelda-Schnitten; so rot angelaufen, wie sie sind, zieren sie sich offensichtlich noch etwas und warten, wie jeden Tag, noch sehnsüchtig auf ihre große Stunde; für eine aparte Stammkundin zählen sie übrigens schon seit Längerem zu den Favoriten. Derweil hat die Herren-Sachertorte – mit deutlich erkennbarem „H" auf der Schokoglasur, ein Auge auf die unmittelbare Nachbarin, die Grillagetorte, geworfen; sie sind so eng nebeneinander platziert, dass es stellenweise zu Körperkontakt kommt. Doch die spröde Schönheit mit dem unterkühlten Charme zeigt dem ihr zugeneigten Nachbarn unerbittlich die eiskalte Schulter.

Nun naht, mit etwas Verspätung, der große Auftritt der „Charlotte Royal": das unübertroffene Tortenmeisterstück wird jetzt von den zarten Händen der Konditorin in der Vitrine ins rechte Licht gerückt; majestätisch thront sie auf einem gläsernen Tortenpodest über all den anderen Kuchen und sieht erwartungsfroh der Begegnung mit ihrer heißgeliebten Himbeersoße entgegen. Hin- und hergerissen zwischen Bewunderung und Neid, Ehrerbietung und Abscheu blicken Zitronenrolle und Stachelbeerbaiser zu ihr hinauf; mit einem abfälligen Seitenblick in Richtung Sandgebäck und Nussecken geben sie aber auch zu verstehen, dass sie sich wahrlich nicht zu verstecken brauchen, denn es hat immer schon fruchtbetonte und gesundheitsbewusste Kundinnen und Kunden gegeben. Insofern verbindet sie die Gewissheit, dass sie keineswegs sang- und klanglos in der Ecke versauern werden.

Die ganze Zeit über wird in der Vitrine um den günstigsten Standort gerungen: Einmal wird die Prinz-Regenten-Torte ins Blickfeld der Kundschaft gerückt, dann mal wieder die mächtige Diplomatentorte, hoch dekoriert mit dem Pistazienorden. Die altehrwürdige, klassische Buttercremetorte hat es dieses Mal nicht einmal bis zur

Kuchentheke geschafft. Bei diesen unerbittlichen Positionskämpfen, manche sprechen gar von Schiebung, geht es natürlich einzig und allein um das Gewinnen von Aufmerksamkeit und Anerkennung. Dieser Einsatz hat natürlich seinen Preis, einen hohen Preis: er besteht letztlich darin, von der Person, die das Kuchenstück auserkoren hat, verspeist zu werden - und dann hoffentlich mit Genuss.

Um kurz nach vier ertönt die Glocke an der Eingangstür, eine Dame im Lodencape mit grau-lila onduliertem Haar betritt gemächlich und zielsicher den Raum der Konditorei, der von Kaffee, Vanille, Rum und anderen betörenden Aromen erfüllt ist. Sie schreitet zur einladenden Kuchentheke und ergibt sich zunächst ganz dem Augenschmaus; sie lässt ein Stück nach dem anderen vor ihrem geistigen und geschmacklichen Auge den Laufsteg hin- und her stolzieren, sie schürzt einmal mehr, einmal weniger ihre genussverwöhnten Lippen, deutet dann mit ihrem spitzen Zeigefinger plus rotlackiertem Nagel auf ihren Favoriten, für den sie sich auch heute wieder nach längerem Ringen entschieden hat; und ihren vorgestülpten, dunkelroten Lippen entschlüpft ein knappes, aber bestimmtes: „Das da!" Der Sachertorte mit dem signierten „H" läuft es plötzlich eiskalt den Rücken herunter, als sie unsanft aus ihrem seligen Tagtraum gehoben wird. Sie ahnt, sie weiß: ihr steht ein geschmackvolles, aber anonymes Ende bevor.

Anmerkung: Diesem Text liegen langjährige Recherchen des Autors in Caféhäusern zugrunde, u.a. in Düsseldorf, Bonn, Hattingen, Lingen, Xanten und nicht zuletzt in Wien.

2) Der erste Kuss

Es soll ja Frauen und Männer geben, die denken noch mit Freude, vielleicht gar einem wohligen Schauer, an ihren ersten Kuss zurück; ich meine den ersten richtigen, intimen Kuss mit Zungenkontakt. Um es kurz und unpathetisch zu machen: Mein erster richtiger, vollwertiger Kuss war eine geschmackliche Katastrophe. Es war in den frühen 1960er Jahren, und ich war fünfzehn oder sechzehn Jahre alt, und dieses „bahnbrechende" Erlebnis auf dem Weg zum Erwachsensein fand für mich in *Good Old England* statt, genauer gesagt in *Ironbridge,* einem kleinen konturlosen Ort in der Nähe von Birmingham. Das Einzige, was diese Ortschaft auszeichnete, war die große, historisch bedeutsame eiserne Brückenkonstruktion, die ihr auch den Namen gab. Und ähnlich metallisch schmeckte auch mein erster intensiver dentaler und gutturaler Zungenaustausch mit einem brünetten, eher mageren englischen Mädchen, das in einem ähnlichen Alter war wie ich. Dieser für mich neue Schritt war alles andere als berauschend; zudem erfolgte diese Erfahrung eher unfreiwillig und hinterließ alles in allem einen faden Nachgeschmack; und was mich am meisten daran störte, war die Dauer. Ich gehörte zu den jüngsten unserer beiden Fußballteams, die zu einem Jugendaustausch nach Sutton Coldfield bei Birmingham gereist waren. Dort kam es auch zu Freundschaftsspielen gegen gleichaltrige Mannschaften, bei denen wir auch die legendäre Härte des englischen Fußballs zu spüren bekamen.

Nach den offiziellen Terminen dieses Jugendaustauschs, unter anderem auch mit Firmenbesichtigungen und einem Empfang beim Bürgermeister, kam es auch zu eigenen Erkundungen in Sachen „the English way of life" und zu Begegnungen mit englischen Mädchen, insbesondere in den berühmt-berüchtigten *Amusement-Halls.* Den Girls ging seinerzeit schon ein bestimmter Ruf von Freizügigkeit voraus. So lernte eine vierköpfige Gruppe von uns auch vier weibliche Geschöpfe kennen, die uns oder denen wir an diesem späten Nachmittag nicht mehr von der Seite wichen. Die drei älteren Mitspieler suchten und fanden auch rasch intimeren Kontakt zu den Mädchen, was ich mit Erstaunen zur Kenntnis nahm; die sprachlichen Hürden schienen keine Rolle zu spielen, denn die Mädchen waren erstaunlich forsch und von Anfang an offen für eine engere und zudem noch nonverbale Kontaktaufnahme.

Da ich als Schüler einer reinen Jungenklasse in dieser Hinsicht so gut wie keine Erfahrungen hatte, blieb ich eher zurückhaltend in der Beobachterposition; doch diese ließ sich nicht allzu lange aufrechterhalten, denn auch die Jüngste der Engländerinnen, die offensichtlich mir zugedacht war, Diana mit Namen, wurde nun ihrerseits aktiv; und plötzlich befand auch ich mich mittendrin in einer heftigen Knutsch- und Kussorgie, die vom Flipper-Automaten bis zur Bushaltestelle anhielt, sich sogar noch steigerte. Obwohl mir diese Knutscherei eher unangenehm war, wollte ich dennoch nicht aus der Reihe tanzen; also nahm ich, wettkampferprobt wie ich war, auch diese Herausforderung im Umgang mit dem anderen Geschlecht an. Doch dieses stundenlange, zudem noch pausenlose Küssen artete für mich in einen unerbittlichen „Zungenwettstreit“ aus. Das Wort „Zungenbrecher“ schwirrte mir plötzlich im Kopf herum; es bekam in dieser Situation allerdings eine völlig andere Bedeutung. An der Haltestelle, von der eher saugenden als küssenden Diana mächtig in Anspruch genommen, riskierte ich ab und zu einen Blick zur Seite und sah, wie sehr meinen Mitspielern diese gemischtgeschlechtlichen Spielzüge gefielen, auch Diana hatte die Augen merkwürdig verträumt geschlossen und schien immer mehr in ihrer oralen Mundhöhlenerkundungstour versunken zu sein.

Als sich nach längerer Zeit endlich ein Bus der Haltestelle näherte, sah ich Licht am Horizont und war erleichtert, diese für mich neuartige Zungenmuskelstrapaze beenden zu können; meine sämtlichen Mundgliedmaßen schmerzten schon erheblich. Also blickte ich erwartungsvoll auf die Paare neben mir, musste aber mit Schrecken erkennen, dass diese keineswegs die Absicht hatten, mitten in ihren Spielzügen aufzuhören, ihr Speichel war wohl wechselseitig zu sehr im Fluss. Einer meiner Kumpel gab mir per Hand ein Zeichen, den momentan so flüssigen Spielverlauf nicht zu unterbrechen. Somit blieb mir nichts anderes übrig, als schon allein aus sportlichem Teamgeist („einer für alle – alle für einen") auch meinen schon leicht lädierten Zungenmuskel wieder spielen zu lassen. Diana wartete nur begierig darauf, bei dieser erneuten Muskelprobe kräftig mitzumischen. Ich hatte das Gefühl, dass mein Gaumenzäpfchen brannte und bereits erste Lähmungserscheinungen aufwies. Es dauerte dann noch eine gefühlte Ewigkeit, bis der nächste Bus kam und dann Gottseidank nicht ohne meine Kameraden und mich abfuhr. Meine Kumpels waren stolz und in bester Laune; sie konnten, im Gegensatz zu mir, die Begegnung mit ihren Mädchen am folgenden Tag nach dem Freundschaftsspiel kaum abwarten. Mein nächstes Zusammentreffen mit Diana fiel im Übrigen wesentlich reservierter aus. Meine Mundwerkzeuge brauchten noch eine geraume Zeit zum Regenerieren.

Rückblickend ließe sich sagen, dass ich als Jüngster und Kleinster in der Gruppe (aus der B-Jugend) froh war, die drei Älteren (aus der A-Jugend) begleiten zu dürfen und in dieser Kuss-Orgie auch eine letztlich bestandene Mutprobe sah. Damals war ich recht schmächtig und schüchtern, insofern auch sehr erfreut, dass sich ein Mädchen auch für mich interessierte, und das auch noch in einem anderen Land; also könnte man hochtrabend darin auch einen Akt der Völkerverständigung sehen, zumal die Engländer nach dem II. Weltkrieg allen Grund hatten, Deutsche abzulehnen, auch diejenigen, die wie ich erst nach dem Weltkrieg zur Welt gekommen sind. Diese Abneigung, ja Geringschätzung haben wir bei den Besuchen damals, vor allem bei einer Führung in der Kathedrale von Coventry, auch häufig zu spüren bekommen. Der Name *Ironbridge* kann daher symbolhaft für einen Brückenschlag der Verständigung stehen, ganz persönlich auch im Hinblick auf das andere Geschlecht. Denn der erste Kuss hat generell schon eine ganz besondere Bedeutung; für mich ist er unauflösbar verknüpft mit der ersten Erfahrung eines Zungenmuskelkaters und dem Namen „Diana“, der schon vorher für mich sehr wohlklingend war – schon allein wegen des Hits von Paul Anka über „Diana“:

Hold me, darling, hold me tight /

Squeeze me baby with all your might /

Oh, please stay by me, Diana…“

Doch leider hat dieser Name angesichts meiner missglückten Kuss-Premiere zu Beginn der 1960er Jahre in England merklich an Wohlklang eingebüßt, jedenfalls für mich, und das bereits lange vor dem Erscheinen der glamourösen Lady Di. Dieses frühe Erlebnis erklärt wahrscheinlich auch, weshalb mir seitdem kleinere Küsse einfach lieber sind.

3) Schutzengel-Lizenz

Da Gero in einem katholischen Elternhaus aufgewachsen ist, bekam er schnell mit, dass sein Geburtstag, der 2. Oktober, laut katholischer Tradition ein ganz besonderer Gedenktag ist: man feiert das Schutzengelfest. Oma Anna hatte als strenggläubige Katholikin stets einen Namenstagkalender zur Hand, den sie Jahr für Jahr von ihrer Pfarrgemeinde erhalten hatte. Dort war genau an diesem Datum schwarz auf weiß vermerkt: Gideon, Gottfried, Luitgar, Balthasar und Schutzengelfest: zur doppelten Freude von Gero, denn neben dem Fest der himmlischen Beschützer:innen war hier auch der außergewöhnliche Name seines Vaters, Balthasar, aufgeführt. Neben dem Erzengelfest handelt es sich beim Schutzengelfest um den einzigen Gedenktag, der keinem Heiligen, der Gottesmutter Maria oder Jesus gewidmet ist.

In der Bibel finden sich an wenigen Stellen konkrete Hinweise auf Schutzengel; hier ist Psalm 91 von besonderer Bedeutung: „Denn er befiehlt seinen Engeln, dich zu behüten auf all deinen Wegen. Sie tragen dich auf ihren Händen, damit dein Fuß nicht an einen Stein stößt." Mit anderen Worten: Schutzengel erfüllen den göttlichen Auftrag, Gläubige vor Gefahren zu schützen und auf ihrem Lebensweg zu begleiten. Der Gedenktag der Schutzengel soll im 16. Jahrhundert bereits in Spanien eingeführt worden sein; Papst Clemens der X. hat diesen Gedenktag offiziell im 17. Jahrhundert in den Kirchenkalender aufgenommen. Dieser Festtag ist nicht mit dem Fest der Erzengel (Gabriel, Michael, Rafael) zu verwechseln, das jährlich am 29. September stattfindet. Gero genoss sogar doppeltes Schutzglück, er wurde nicht nur termingerecht am Schutzengelfest geboren, nein, sein Vater hatte neben Balthasar als zweiten Vornamen auch den Namen des Erzengels Gabriel erhalten. Man könnte glatt sagen: Doppelt gesegnet hält länger ...

Und in der Tat: bis ins hohe Erwachsenenalter ist Gero gut behütet durchs Leben geleitet worden, nur in den letzten Jahren ist ihm aufgefallen, dass auf den üblichen Jahreskalendern unter dem Datum 2. Oktober das Schutzengelfest überhaupt keine Erwähnung mehr findet. Dort stehen dann eher folgende Namen: Jacqueline, Jakob, Perez und Petra. Woran mag das wohl liegen? An mangelnder Bedeutung / Attraktivität kann es nicht liegen, denn die Werbebranche hat diese beflügelten Figuren längst für ihre kommerziellen Zwecke benutzt. Und was meint das Erzbistum Köln dazu? „Damit tragen die Unternehmen zwar zum Bekanntheitsgrad der christlichen Figuren bei, lassen aber gleichzeitig die wahre Botschaft und Bedeutung der Schutzengel weniger wichtig erscheinen." (www.erzbistum-koeln.de / unter dem Stichwort „Schutzengelfest: Beschützer im Alltag) Laut einer Meinungsumfrage aus dem Jahr 2005 sollen übrigens Zweidrittel der Deutschen an Schutzengel glauben. Diese Wesen erleben also eine wahre Renaissance, gerade in unsicheren Zeiten wächst offensichtlich das Bedürfnis nach Sicherheit, ja Behütetsein. Man schaue sich bloß mal in Dekor- und Geschenke-Shops sowie im Internet die massenhaften Angebote an, etwa unter den Stichworten „Engel als Fensteraufkleber" oder „Schutzengelanhänger".

Dass „sein" Schutzengelfest in der Öffentlichkeit kaum noch mit dem Datum des 2.10. in Verbindung gebracht wird, kann sich Gero nur so erklären. Die Botschaften der katholische Kirche verlieren immer mehr an Bedeutung und angesichts der massenweise Austritte ihrer Mitglieder haben die Kirchenoberen ganz andere Sorgen; sie sehen ihre Schutzengel immer mehr in den kommerziellen Markt abdriften. Wo sollen sie denn auch hin, wenn es immer weniger Gläubige, also Schutzbefohlene gibt, denen sie zugeteilt sind? Die katholische Kirche hat es einfach versäumt, ihre Schutzengel selber unter Schutz (Copyright) zu stellen und für neue Aufträge zu sorgen. So muss sie nun tatenlos zusehen, wie große Unternehmen vorzugsweise der Versicherungsbranche längst die Lizenz für den

Einsatz von Schutzengeln erworben haben und diese rund um die Uhr für sich arbeiten lassen – und das zu Dumpinglöhnen, in einer Zeit, in der ohnehin die Security-Dienstleistungen boomen. Ein Blick in die Plakat- und Medienwerbung genügt, um zu zeigen, wo sich überall die einst beschützenden Wesen tummeln und ihr Unwesen treiben, mittlerweile zumeist als Bodyguards, mit und ohne Schutzschild, aber „immer da, immer nah", falls man der Werbung Glauben schenkt. Es ist nur noch eine Frage der Zeit, bis es zum ersten Streik der Schutzengel kommt. Fast möchte man diese Entwicklung mit dem „Heinzelmännchen-Reim" beklagen: *Wie war es doch vordem mit gebührenfreien Engeln so bequem.* Werde mich jetzt wohl, selbst als genau am 2.10.-Geborener, ganz ohne Schutzengel durchs weitere Leben schlagen müssen – mit Sicherheit; es sei denn, ich unterliege den vollmundigen Verlockungen der Branche und schließe neue, private Versicherungsverträge ab.

4) Wie im Paradies

Gern denke ich zurück an die eine oder andere Ferienzeit in Offenbach am Glan, dem pfälzischen Heimatort meiner Mutter. Dort verbrachte ich nach dem Zweiten Weltkrieg als Kind im Alter von vier oder fünf Jahren meine Sommerferien bei den Großeltern Jakob und Mathilde. Sie wohnten, von Lauterecken aus kommend, am Ortseingang an der Durchgangsstraße in einem der sogenannten Finanzamtshäuser. Mein Opa war pensionierter Berufssoldat und, solange ich zurückdenken kann, kränklich. Das sah man ihm auch ständig an. Ein Foto aus dieser Zeit kann diesen Eindruck nur bestätigen: sein Körper mager, schon eher ausgemergelt, der Kopf mit grauem Haarkranz vogelartig schmal, seine Hose und Jacke viel zu groß für seine schmächtige Gestalt. So ernst und verschlossen, wie er war, kam er mir immer unnahbar vor und hat mir manchmal auch Angst gemacht. Er ist an einer chronischen Magenerkrankung früh in den 1950er Jahren gestorben. Die Oma Mathilde hingegen bot zu der Zeit ein gesundes, vitales, geradezu kraftstrotzendes Gegenbild. Sie bemutterte ihre Enkel, meinen älteren Bruder und vor allem mich, wo sie nur konnte. Dazu zählten auch die Kuchen und die „Gutzjes" vom ortsansässigen Kuhne-Bäcker. („Gutzje", Regionaldialekt für Bonbon, Süßigkeit)

Zu einer meiner wohligsten Kindheitserfahrungen zählt allerdings das herzliche „Bemuttert-werden" in einem Gartenhäuschen am Hang hinter den „Beamtenhäusern". Ein hübsches Mädchen mit blonden Zöpfen, nur wenige Jahre älter als ich - an ihren Namen kann ich mich nicht mehr erinnern -, nahm mich an einem sonnigen Vormittag einmal mit in ihre „Puppenstube". Dort wurde ich von ihr beim Mutter-Kind-Spiel rundumversorgt, und das auf eine überaus zärtliche Weise. Ich war für sie wohl das ideale, lebensechte Objekt für ihr Rollenspiel. Wäre ich eine Katze gewesen, ich hätte die ganze Zeit geschnurrt. In der behaglichen Gartenlaube gab es eine Mini-Küche mit kleinen Tellern, Tassen und Kinder-Besteck. In einer kleinen Schale bekam ich Haferflocken mit Milch und anschließend einen Becher Kakao. Nach dem Essen durfte ich erst mal ausruhen, ja sogar schlafen. Die Mutterrolle bereitete dem Mädchen spürbar Vergnügen, und ich spielte meine Kleinkind-Rolle offensichtlich so gut, dass der Vormittag des wohligen Verwöhnens einfach kein Ende nehmen wollte. Ich brauchte mich um rein gar nichts zu kümmern. Meine Gefühlslage bestand einzig und allein darin, still dazusitzen oder dazuliegen und nichts zu tun. Und damals ist es mir dann wohl auch gelungen, diese seligen Augenblicke vollauf zu genießen. Als das Mädchen dann um die Mittagszeit fragte, ob ich Lust hätte, morgen wieder zu ihr ins Gartenhäuschen zu kommen, bejahte ich aus vollem Herzen. Das Fußballspielen mit dem Nachbarjungen Heinz, ansonsten meine Lieblingsbeschäftigung in den Ferien, war mir in diesem Moment nicht mehr so wichtig.

Manchmal, wie auch jetzt im Sommerurlaub 2022, also nach mehr als siebzig Jahren, schwirrt mir diese Szene aus Kindertagen wieder durch den Kopf, genau dann, wenn Marie nebenan in der Küche der Ferienwohnung das Frühstück vorbereitet. Ich liege noch im Bett und döse, während ich die Geräusche des Klapperns von Besteck, Tellern und Tassen höre; werde gleichsam in meiner Gedanken- und Gefühlswelt „zurückgezoomt“ in das märchenhafte Gartenhausparadies am Hang in Offenbach. Und ich realisiere zu meiner großen Freude: es ist kein Traum, es ist keine Täuschung, es ist einfach wahr.

5) Auf der Suche nach einem Stück aus der Kindheit

Für einen lieben Menschen, einen ähnlichen Süßschnabel wie mich, wollte ich vor Kurzem als Gag ein kleines, aber vielsagendes Mitbringsel besorgen. Die besagte Überraschung fiel mir ausgerechnet in dem Moment ein, als ich bei „Rot" vor einer Verkehrsampel stand und sah, wie ein Babyfläschchen aus einem Kinderwagen geworfen wurde. Da kamen sie mir wieder in den Sinn, ein Relikt aus den eigenen verspielten Kindertagen. Wo gibt es sie heute noch? Schoss es mir durch den Kopf. Na ja, wie früher am Büdchen, wo denn sonst – war mein erster Gedanke. Gedacht, getan. Beim ersten Büdchen oder Kiosk oder Trinkhalle, wie es heute eher heißt, wurde ich angesichts der unverhüllten Weiblichkeit auf den Titelblättern der Zeitschriften und Illustrierten in der Auslage etwas stutzig, ja verlegen, ob es diesen unschuldigen Artikel hier wirklich noch gibt...

Aber es gab kein Zurück mehr. Der etwas grimmig dreinschauende Mann hinter der Theke hatte mich bereits angesprochen: „Sie wünschen?" Als der Name des von mir gewünschten Produkts dann verhalten über meine Lippen kam, sah ich seinen erstaunten Blick; seine dunklen Augenbrauen krümmten sich bedenklich und seine Schnurrbartspitzen vibrierten leicht; nach einer kurzen Pause äußerte er sich bestimmt, aber beinah schon mitleidsvoll: „Tut mir leid, derartige Artikel führen wir nicht."

Nur nicht gleich aufgeben, ermunterte ich mich; und ich machte mich auf zum nächsten Büdchen. Bei uns im Rheinland gibt es davon ja reichlich. Dort, bei meinem zweiten Versuch, erblickte ich hinter der Verkaufsscheibe eine noch sehr junge Frau und wagte erst gar nicht, nach dem Objekt meiner Begierde zu fragen. Als sie mich mit ihren offenen, ja unschuldigen Augen anlächelte, orientierte ich mich kurzfristig um und kaufte ersatzweise eine Packung Erdnüsse.

Noch einen letzten Anlauf gestattete ich mir. Beim dritten Kiosk, noch nicht so modisch aufgemotzt wie die meisten heutzutage, empfing mich eine lebenserfahrene und zudem vertrauenerweckende Frau. Neue Hoffnung schöpfend, verlangte ich dann danach... Das Wort ging mir da schon wesentlich leichter über die Lippen. Und tatsächlich, ein verständiges Lächeln erhellte ihr rundliches Gesicht. Sie wusste also, was ich meinte. Sie kannte sie auch noch aus ihrer Kindheit und ergänzte kenntnisreich: „Die waren früher immer in kleinen Nuckelfläschchen abgepackt." Doch auch sie musste mich letztlich enttäuschen. Kürzlich hätte sie solche auf dem Großmarkt noch gesehen, allerdings musste sie diese liebenswerte Süßigkeit schon vor Längerem aus ihrem Sortiment nehmen: mangels Nachfrage. Also war ich gezwungen, mir eine andere, zeitgemäßere süße Überraschung auszudenken und zog enttäuscht ab – ohne meine heißersehnten *Liebesperlen*.

Anmerkung: „Liebesperlen" sind in verschiedenen Farben gefärbte Dragées aus Zucker mit einem Durchmesser von wenigen Millimetern. Die ersten Liebesperlen wurden 1908 in der 1896 gegründeten Süßwarenfabrik Rudolf Hoinkis in Görlitz hergestellt. Den Namen der Süßigkeit soll die Frau des Erfinders Hoinkis (1876-1944) vorgeschlagen haben. Der Legende nach stellte er die Neuerung seiner Frau und seinem Sohn mit den Worten vor: Er liebe sie genauso wie die Perlen, für die er noch keinen Namen habe. Woraufhin seine Frau Elfriede den Namen „Liebesperlen" vorschlug. Typisch sind die Babyflaschen, in denen sie schon seit 1908 angeboten werden. (laut Wikipedia.org/Liebesperlen)

Als Kind der 1950er Jahre kann ich mich noch gut an diese damals beliebte Süßigkeit erinnern.

6) Von wegen KONTAKTlinsen

Als zu Beginn der 1970er Jahre die erste Generation von harten Kontaktlinsen auf den Markt kam, habe ich sie gleich ausprobiert, vor allem weil ich Fußball gespielt habe und eine Brille in dieser Sportart höchst gefährlich ist. Beim Tragen, insbesondere beim Einsetzen, musste ich mich sehr an sie gewöhnen. Da sie häufig verrutschten, musste ich sie dann immer wieder mithilfe eines winzigen gelben Gummisaugnäpfchens herausnehmen und neu einsetzen, was mir nicht immer gut gelang. So kam es folgerichtig auch schon bald zu ersten Verletzungen meiner Augen. Irgendwann diagnostizierte mein Augenarzt bei mir eine Hornhautentzündung und riet mir, die Anwendung der harten Linsen erst mal abzubrechen. Ich war kurze Zeit später froh, als die harten durch die weichen Kontaktlinsen abgelöst wurden. Doch auch mit dieser Weiterentwicklung konnte ich mich nicht richtig anfreunden und wurde Monate später wieder zum kontaktfreudigen Brillenträger.

Ich erinnere mich noch gut an eine Situation in der Zeit, in der ich noch mit den harten Kontaktlinsen herumexperimentierte. Ich besuchte eine Studentin, die ich attraktiv fand. Sie war agil, zierlich und hatte gelocktes brünettes Haar. Vor allem gefiel mir ihre humorvolle, schlagfertige Art. Ich war damals Assistent am Institut für Erziehungswissenschaft und hatte im Rahmen eines Seminars die Gelegenheit genutzt, sie kennenzulernen. Es kam zu einigen dialogisch reizvollen Treffen in Bonner Cafés und Lokalen, und ich war hocherfreut, als Ramona mich einmal in ihre Studentenbude einlud.

Zu der Zeit war ich glücklich, dass ich dank der neuen optischen Errungenschaft der ersten, harten Kontaktlinsen auf meine Brille verzichten konnte. Bei ihr gab es Kaffee und Kuchen, und nach den erwarteten anregenden und witzigen Dialogen rückte ich ihr allmählich näher, bis ich direkt neben ihr auf dem kleinen, gemütlichen Cord-Sofa saß. Im Hintergrund hörte ich die beruhigende und tiefe Stimme von Leonard Cohen; ich glaube, es war sein Song „So long Marianne“. Die entspannte Stimmungslage ermunterte mich, behutsam erste zärtliche Annäherungen in Richtung Ramona zu unternehmen. Anfangs hatte sie auch gar nichts dagegen; sie schien mir sehr zugewandt zu sein. Als ich dann meine Lippen in die Nähe ihrer zarten Halspartie lenkte, fing sie jedoch plötzlich an zu lachen, nein viel schlimmer, loszuprusten und fragte, was den mit meinen Augen los sei… „Was soll denn los sein?“ entgegnete ich. „Na, du verdrehst ja deine Augen so merkwürdig.“ Jetzt dämmerte mir, was Ramona meinte und störte. Die harten Kontaktlinsen führten bei mir nämlich automatisch dazu, dass ich die Augen häufiger schließen musste, wahrscheinlich wegen der Trockenheit; aber jetzt kam offensichtlich auch noch ein Verdrehen hinzu. Wie ärgerlich, ich hatte meine Feuchtigkeitstropfen vergessen.

Doch so schnell war ich seinerzeit nicht von meinen Zielen abzubringen. Auch in dieser Szene nicht, doch ein erneuter, beherzter Versuch der Annäherung und des Austauschs von Zärtlichkeiten scheiterte ebenfalls abrupt; plötzlich konnte sich Ramona vor Lachen kaum noch halten und bemerkte mit verängstigtem Blick: „Jetzt rollst du auch noch so schrecklich mit dem Augapfel…“ Nun war auch mir die Lust endgültig vergangen; insgeheim dachte ich, hätte ich doch bloß die Brille aufgelassen. Die hätte ich schließlich elegant wie unbemerkt vor den Aktionen im Nahbereich abnehmen können. Zudem verfluchte ich die Kontaktlinsen, insbesondere ärgerte mich ihre verlockende, vielversprechende Bezeichnung: „*Kontakt*linsen“. Denn genau das haben sie bei mir in dieser Situation ja verhindert. Zum Versuch einer weiteren intimen Kontaktaufnahme mit Ramona ist es übrigens nicht gekommen; so sind wir immerhin Freunde geblieben.

7) Verlorene Worte

Etwas zu verlieren, kann sehr schmerzvoll sein, vor allem wenn es sich um Menschen handelt, die einem nahestehen, die man liebgewonnen hat. Der Verlust von Wörtern oder Worten wird da schon als geringfügiger eingeschätzt. Deshalb lohnt es sich wohl auch nicht, ein Fundbüro für derartige sprachliche „Kleinwaren" ins Leben zu rufen. (*Hier möchte ich nicht auf die sprachanalytische Unterscheidung zwischen Wörtern oder Worten eingehen. Mir geht es im Folgenden vorzugsweise ohnehin um sinnbehaftete Worte.)* Doch gilt diese Einschätzung, sprich Geringschätzung, generell? Wie ist es da um besonders sprachbewusste Personen bestellt? Die Prägung unseres Sprachverhaltens, das Anlegen und die Anreicherung eines Wortschatzes erfolgt schon früh in familiären Zusammenhängen, und häufig wissen wir nicht, wer oder was uns in dieser Hinsicht beeinflusst hat. Meine Großeltern und Eltern benutzten zum Beispiel bestimmte Worte, die man gegenwärtig nur noch selten oder überhaupt nicht mehr hört. Sie sind aus der Mode gekommen, sind gleichsam auf einer imaginären Ruhestätte für ausgestorbene Worte gelandet, die jedoch leider über keine Grabsteine verfügt. Eigentlich schade, dass es keinen speziellen Friedhof für sie gibt; dann könnte man die entsprechenden, aus der Zeit gefallenen Worte besuchen und ihnen dann und wann ihre letzte Ehre erweisen. So ließe sich auch ihr Verlust besser verkraften.

Der berühmte Gelehrte und Aphoristiker Lichtenberg forderte vor über zweihundert Jahren schon „Grabsteine für Bücher"; ich plädiere hier nun für eigene Grabstätten für Worte, so zum Beispiel für das kleine Exemplar *„entzückend"*, das mein Vater in seinem letzten Lebensjahrzehnt so gern benutzt hat, vorzugsweise dann, wenn meine Frau und ich ihn in seinem Apartment im Seniorenstift besucht haben. Dabei schaute er uns hocherfreut an und ein Lächeln strahlte über sein altersmildes Gesicht; da war er schließlich schon über 90 Jahre alt und sein Sprachbewusstsein noch intakt. Das

Wörtchen *„entzückend"* hat inzwischen längst ausgedient, m.a.W. bereits selber das Zeitliche gesegnet, wie mein Vater auch. Die Wortverlaufskurve hinsichtlich des Gebrauchs auf der Internetseite „DWDS" (Der deutsche Wortschatz von 1600 bis heute) geht inzwischen gegen null. Und dabei ist das Wörtchen meines Erachtens nach viel ausdrucksstärker und origineller als die fast schon inflationär verwendeten „toll" und „nett". Folglich fordere ich einen Minderheitenschutz für seltene, vom Aussterben bedrohte Worte, bevor sie ganz dem Vergessen anheimfallen.

Die Mutter meines Vaters, meine Oma Anna, benutzte gerne Sprichworte oder Redensarten und, so erzkatholisch erzogen wie sie war, Bibelsprüche, unter anderem: „Wer Wind sät, wird Sturm ernten." Und „Der Mensch denkt, Gott lenkt." Zu ihren sonstigen Lieblingswendungen zählten: „Wer sich in Gefahr begibt, kommt darin um." Sowie der eingängige Reim: *„Halte Ordnung, übe sie, denn sie spart dir Zeit und Müh."* Beide Sätze habe ich bis auf den heutigen Tag behalten, vor allem den zweiten, schon allein des Reimes wegen. Inzwischen ist das Sprichwort im allgemeinen Sprachgebrauch abgelöst worden durch die knappere und geläufigere Aussage: „Ordnung ist das halbe Leben." Wesentlich beliebter ist dieser Spruch allerdings auch nicht, was die häufig anzutreffende Abwandlung belegt: „Die andere Hälfte ist mir aber lieber." Weit verbreitet ist im sog. Volksmund auch dieser Spruch: „Wer Ordnung hält, ist nur zu faul zum Suchen." So wie Oma Anna sich schon seit langem aus dem Leben verabschiedet hat, so ist es auch ihrem Ordnungsreim ergangen. Doch ich kenne niemanden, der diesen Verlust ernsthaft beklagt. Den meisten wird es gar nicht erst aufgefallen sein. In mir jedoch lebt dieser Satz noch weiter oder, besser gesagt, schlummert noch vor sich hin; er muss allerdings dann und wann aus dem passiven Wortschatzdasein gehoben bzw. reaktiviert werden, um nicht gänzlich in Vergessenheit zu geraten.

Von meiner Großmutter mütterlicherseits habe ich noch ein wohlklingendes Wörtchen im Ohr, das der pfälzisch-saarländischen

Mundart entstammt und in meinem Hirn immer noch positiv besetzt ist. Das zweisilbige Wort steht für Süßigkeiten, speziell für Bonbons, und lautet *„Gutzjes"*. Und davon hielt sie in einer geblümten Porzellandose immer einige für ihren Enkel bereit, wenn der als kleines Kind in den Sommerferien zu Besuch war. Mit dem Tod meiner Oma Mathilde ist dieses „wohlschmeckende" Wort für mich verlorengegangen; ich lebe schließlich im Rheinland, und da zählt es wahrlich nicht zum regionalen Sprachgebrauch. Da heißen die Bonbons vielmehr „Klümpkes" oder „Kamelle" und sind eindeutig von der Karnevalitis befallen.

Ihr Mann, also mein Opa Jakob, gehörte zu den extrem Schweigsamen; vielleicht lag es daran, dass er immer genug mit seiner chronischen Erkrankung zu tun hatte, jedenfalls hat er zeitlebens kein Wort zu viel verloren. Er starb, als ich mal gerade neun Jahre alt war. Deshalb kann ich beim besten Willen keinen besonderen Ausdruck mit seiner Person in Verbindung bringen.

Vom anderen Großvater hingegen, Johann, dem Vater meines Vaters, der in der Eifel geboren wurde, habe ich einen sonderbaren Spruch behalten, den er regelmäßig vor dem Zu-Bett-gehen verwendete. Dieser gehörte regelmäßig zu seinem aufmunternden Abschiedsritual, wenn er sich anschickte, den bequemen Sessel im Wohnzimmer zu verlassen, um sich ins Schlafzimmer zu begeben und dort in seine „Lappenkiste zu legen" (so drückte er sich tatsächlich aus). Diesen Spruch habe ich nach seinem Tod nie mehr gehört: *„Ins Bett, ins Bett, wer´n Liebchen hat. Wer keines hat, geht auch ins Bett."* Als Kind fand ich diese Wortfolge ausgesprochen komisch bzw. merkwürdig, habe ihn mir wohl gerade deshalb und nicht zuletzt wegen des gleichbleibenden Rhythmus gemerkt. Eine Eingabe der Zeilen in die Suchmaschine meines Computers führt mich auf die Internetseite des Volksliedarchivs und belehrt mich, dass es sich um ein Volkslied der „Bündischen Jugend" aus der Weimarer Republik handelt und weitestgehend Zeilen verwendet aus der Liedtextsammlung „Des Knaben Wunderhorn", die 1808 von Achim von Arnim und Clemens Brentano veröffentlicht wurde. Statt „Liebchen“ heißt es dort allerdings „ein Kindle hätt“. Der Text des Liedes (Verfasser unbekannt) aus dem Jahr 1930 lautet im Original: „Zu Bett zu Bett / wer´n Liebchen hätt / wer keines hätt / muss auch zu Bett“. Entweder habe ich den Text falsch in Erinnerung oder Opa Johann hat ihn individuell für sich so abgewandelt. Immerhin denke ich ab und zu noch an diesen alten Spruch, der unmittelbar und unauflöslich mit der Person meines ansonsten wortkargen und humorlosen Großvaters Johann verknüpft ist; und solange ich ihn, den Text, noch im Gedächtnis aufbewahre, wird zumindest auch er, der Opa, noch nicht gänzlich für mich verloren gegangen sein – zumindest in Gedanken.

Dann wäre da noch meine Mutter, die sich in besonderer Weise durch die häufige Verwendung von Sprichwörtern und Redensarten auszeichnete. Vielleicht lag es daran, dass sie als Kauffrau in einem Lebensmittelgeschäft fortwährend auf Small Talk angewiesen war. Da sie zudem auch noch recht kontakt- und mitteilungsfreudig war, waren Kundengespräche für sie kein Problem, im Gegenteil: sie liebte das unverbindliche Wortgeplänkel an der Kasse. Mit einer Redewendung bringe ich sie heute noch, also nach ihrem Ableben vor fast einem Vierteljahrhundert, in Verbindung. Dieser eingängige Reim ging häufig über ihre Lippen, immer dann, wenn noch etwas übrig geblieben war, von den Waren im Laden oder vom Essen und den Getränken einer Feier vom Vortag. Automatisch, wie auf Knopfdruck, fiel dann die Bemerkung: *„Das ist der Rest vom Schützenfest.“* Wie oft habe ich mich als Jugendlicher über solche, in meinen Augen platten Allgemeinplätze meiner Mutter geärgert, bisweilen auch (fremd)geschämt, und jetzt ist ausgerechnet einer davon übrig geblieben, der mich in besonderem Maße auch heute noch an sie erinnert. Diese umgangssprachliche Redensart ist nach wie vor noch in Gebrauch und in der subjektiven Verknüpfung mit der Person meiner Mutter auch in meinem Hirn fest verankert und somit für mich noch nicht verloren gegangen, und zwar als neckischer, aber belangloser Kommentar. Bei allem Erinnerungswert steht eines fest, dieser Reim wird mir nicht so leicht über die Lippen gehen, höchstens dann, wenn von einem Schützenfest tatsächlich noch etwas übrig geblieben ist.

So mancher Wortverlust stellt für mich zweifelsohne auch einen Wertverlust dar. Um nun generell derartige Wortverluste zu vermeiden oder zu verringern, wäre es da nicht eine gute Idee, Grabsteine nicht nur mit den Namen und Daten der Verstorbenen zu versehen, sondern auch mit ihren persönlichen Lieblingsworten? Auf den Steinen wäre Platz genug. Wie viel interessanter wäre dann ein Gang auf den Friedhof! Man sähe die Leute vor den Gräbern grübeln, schmunzeln oder gar lachen; aus dem totenstillen Friedhof könnte ein reizvoller und lehrreicher „Wörterhof" werden. Und schon zu Lebzeiten würden sich die Menschen überlegen, mit welchem eigenen Wort, mit welchen individuellen Aussprüchen oder Zitaten sie ihre letzte Ruhestätte schmücken können. Doch Vorsicht bei der Auswahl: angesichts der dortigen Verweildauer sollten die Worte einerseits nicht zu gewichtig, andererseits aber auch nicht zu banal sein. So käme für mich dieser Kalauer nicht infrage: *Er wollte immer anders sein, jetzt ist er verschieden.* Passender finde ich da schon diese besinnliche Denkanregung für die gestressten Hinterbliebenen:

Der Zeit nachjagen – heißt, sie vertreiben. Sich die Zeit vertreiben – heißt, sie bei sich haben.

8) Die Karriere hing am Schnürsenkel …

Gero war von Kindesbeinen an ein begeisterter Fußballer; alles, was auch nur annähernd rund und nicht zu hart war, wurde mit seinen Füßen geschubst, gehoben, getreten und geschlenzt – mit mal mehr oder mal weniger Effet. Seine Eltern und Großeltern waren ihrerseits von Geros Leidenschaft alles andere als begeistert und versuchten, es ihm auszureden. Doch da halfen weder die Warnungen seines Vaters: „Dieser Sport ist viel zu hart für dich; du machst dir nur die Knie kaputt", noch die Ablenkungen seiner Mutter, die ein Lebensmittelgeschäft führte, das über allerhand Süßkram verfügte. Sie war selber in einem Schwimmverein, betrieb Wasserballett, und versuchte Gero sozusagen mit „Zuckerbrot" für den Wassersport zu gewinnen. Doch vergebens; er war zwar von klein auf ein Süßschnabel, doch ebenso erdverbunden, wie er nun mal war: auf allen Wegen, die er beschritt, ob steinig, sandig oder begrünt, ein Ball war sein ständiger Begleiter. Auf dem Schulweg war es vor allem ein kleiner Gummiball, den er vom Schuhgeschäft Böhmer geschenkt bekam – mit der Aufschrift „Elefantenschuhe". Gero weiß selber nicht, wie viele solche Bällchen er als Kind verschlissen hat. Einige landeten in Trümmergrundstücken, von denen es damals noch reichlich gab, andere endeten luftlos in Dachrinnen. Beim Warten auf den Bus zum Beispiel kickte er mit dem Ball, um zielsicher und wiederholt ein ganz bestimmtes, schmales Kellerfenster zu treffen. Übung macht bekanntlich den Meister. So wurde er nach und nach so ballsicher und dribbelstark, dass er stets bei den Fußballspielen auf der Straße willkommen war; so manchem Erwachsenen, der zufällig vorbeikam, blieben vor allem seine Wendigkeit und seine trickreichen Dribblings nicht verborgen. Ein interessierter Beobachter bemerkte mal anerkennend, die anderen seien für den quirligen Gero bloß Fahnenstangen, die er mühelos, wie im Schlaf, umkurven konnte.

Schon nach wenigen Jahren war er spieltechnisch und läuferisch seinem fünf Jahre älteren Bruder überlegen und wurde schon bald Kapitän des Straßenfußballteams; inzwischen war er auch stolzer Besitzer eines richtigen, aufblasbaren Fußballs aus echtem Leder. Dieser besaß im Inneren eine Gummiblase, deren Öffnung und Verschluss, also das Ventil, mit einer Lederlasche und Lederschnüren abgedeckt wurde; und genau diese unebene, ja mit der Zeit wulstige Nahtstelle tat bei jeder Ballberührung weh, vor allem beim Köpfen und bei Regenwetter. Leider ist zu der Zeit, wenige Jahre nach dem 2. Weltkrieg, bei den heiß umkämpften Matches gegen andere Straßenmannschaften noch kein Scout zur Beobachtung aufgetaucht.

Die Erfolge seiner Straßenfußballmannschaft „Aus der alten Tüte" (so lautete ihr Schlachtruf) sorgten damals für Gesprächsstoff im Viertel rund um die „Kippe", auf der in den 1970er Jahren die Universität erbaut worden ist. Gero hatte es nun dank seiner Beharrlichkeit erreicht: statt Teilchen für Fußball gab es jetzt Fußball und Teilchen, wenn auch meist die, die vom Vortag übrig geblieben waren, vorzugsweise Puddingteilchen, Nussecken und Schweineohren. Doch das hat ihn und seine Fußballkumpel nach den schweißtreibenden Spielen nicht weiter gestört. Schließlich stimmte auch sein Vater Geros Wunsch zu, Mitglied in einem Fußballverein zu werden. Er hatte erkannt, dass sein Sohn tatsächlich ein Naturtalent war und von dieser Leidenschaft beim besten Willen nicht abzubringen war.

Der Vater war im Grunde genommen auch ein Anhänger dieses Mannschaftssportes, der zu seiner Kinderzeit jedoch noch als „Fußlümmelei" verpönt war. Nach wie vor wunderten sich viele, wieso sich 22 Spieler ernsthaft um einen Ball raufen konnten. Immerhin hat sich Geros Vater dann und wann auch Spiele Düsseldorfer Mannschaften wie Fortuna, TURU und VfL Benrath angesehen. Für Gero kam allerdings nur der nächstgelegene Heimatverein im Ortsteil Flehe, die Turn- und Sport-Arminia, kurz TUSA, gegründet

1908, infrage. Die Entscheidung fiel dem Vater, der früher selber mal bekennender Katholik war, leichter, da der Verein zur katholischen Deutschen Jugendkraft (DJK) zählte. In diesem Klub war es für Gero kein Problem, sich in den jeweiligen ersten Mannschaften ab der C-Jugend bis zu den Senioren durchzusetzen. Ganz selten hat sich sein Vater mal ein Spiel von ihm angeschaut; doch einmal war er mit einem fußballbegeisterten Nachbarn gekommen und der soll von Geros Leistung auf dem Platz sehr angetan gewesen sein. Und das hat dann der Vater sicherlich gern gehört, doch ein Wort der Anerkennung, des Lobes hat auch der Sohn von ihm generell ganz selten vernommen.

Gero wurde vor allem in der A-Jugend von der Vereinsführung zu Sichtungsturnieren geschickt, um sich dort für höhere Aufgaben zu qualifizieren. Doch auf diesen Lehrgängen sah es zumeist so aus, dass die Spieler der höheren Klubs sich wechselseitig die Bälle zuspielten, so dass die wenigen aus den anderen, weniger bekannten Vereinen, selten oder überhaupt nicht mit ins Spiel gebracht wurden. Kein Wunder, dass die jeweiligen Auswahlmannschaften sehr homogen aussahen, was die Vereinszugehörigkeit betraf. Das Höchste, was Gero in seiner Heimatstadt erreichte, war einmal die Berufung in die Düsseldorfer Stadtauswahl, die dann gegen eine Mannschaft aus der israelischen Partnerstadt Haifa spielte, und das sogar im Rheinstadion. Gero war Linksaußen und hatte sogar das Glück, obwohl er wieder mal wenig angespielt wurde, zwei Tore zu erzielen: ein sogenanntes Abstaubertor nach einer Ecke, Gero spitzelte reaktionsschnell den Ball über die Torlinie, und ein „Duseltor", ein Flachschuss aus etwa zwanzig Metern; der Ball war nicht mal hart geschossen und rutschte vom Innenpfosten ins Tor. Doch diese beiden Treffer erregten außer einer kleinen Notiz im Lokalteil der Zeitung kein weiteres Aufsehen. Gero landete danach wieder auf dem harten Aschenplatz der Kreisklasse. Dennoch oder gerade deshalb reifte in ihm umso mehr der Traum, einmal in einer der höchsten Ligen zu spielen, zumindest in einer der Regionalligen und eventuell sogar mal den Sprung in die Nationalelf zu schaffen.

Diese Wunschvorstellung muss Gero so stark beschäftigt haben, dass es in den frühen 1970er Jahren (er war knapp über zwanzig) tatsächlich einmal zu folgendem Traum kam: Er hatte es geschafft, endlich: der Nationaltrainer berief ihn in die Nationalmannschaft. Nun sitzt er im schwarz-weißen Trikot mit dem Bundesadler auf der Brust und seiner Lieblingsnummer 11 auf dem Rücken in der Umkleidekabine des legendären Berliner Olympiastadions. Er ist wahnsinnig stolz und fühlt sich fast wie Hans Schäfer, ebenfalls auf dem Posten des linken Flügelstürmers, vor dem WM-Finale in Bern 1954; gleichermaßen ist er aber auch über alle Maßen nervös, war auch schon zweimal auf der Toilette. Jetzt wird es jedoch höchste Zeit, er muss sich sputen, die meisten seiner Mitspieler sind schon draußen auf dem Gang, um sich zum gemeinsamen Einlaufen zu versammeln. Gero hört das nervöse Klackern der Aluminiumstollen; darunter immerhin solch berühmte, von ihm bewunderte Fußballgrößen wie Jürgen Grabowski von der Frankfurter Eintracht, Timo Konietzka von der Dortmunder Borussia und der Mittelfeldregisseur Wolfgang Overath vom 1. FC Köln. Gero hingegen nestelt immer noch an seinen neuen Schuhen herum, er kriegt die Schnürriemen nicht zu; da reißt der Co-Trainer plötzlich die Kabinentür auf und ruft hektisch hinein: „Mensch, reiß dich am Riemen oder willst du dein erstes Länderspiel noch verpassen!". Gero ist vor lauter Aufregung kaum noch imstande, dem Co-Trainer zuzuhören, geschweige denn zu antworten, und da reißt auch noch der Schnürsenkel. Inzwischen ganz allein in der Umkleide, ist er hilflos und verzweifelt: Wo soll ich jetzt noch an neue Schnürsenkel kommen? Seine verzweifelten Hilferufe verhallen ungehört in den Katakomben des riesigen Stadions ...

Als ein Betreuer nach endlos langen Minuten in die Kabine gestürmt kommt und das Häufchen Elend auf der Bank namens Gero hocken sieht, stellt dieser unmissverständlich klar: „Das war´s dann wohl, lass dir ruhig Zeit, du nimmst jetzt erst mal auf der Ersatzbank Platz; der Lothar wird für dich auflaufen." Als Gero, maßlos enttäuscht, seinen Trainingsanzug überzieht und dem Betreuer auf dem Weg durch die labyrinthartigen Gänge des Olympiastadions mit hängendem Kopf folgt, hört er schon von Ferne die Klänge der englischen Nationalhymne. Da Lothar Emmerich in diesem Spiel einen großartigen Eindruck hinterlässt und ein sagenhaftes Tor fast von der Torauslinie erzielt, sieht der Trainer auch keine Veranlassung Gero noch einzuwechseln. Hier endet der Traum oder besser gesagt Albtraum mit der lapidaren Botschaft: Geros Fußballerkarriere hing an einem Schnürsenkel.

Monate später erlitt Gero dann in seinem Verein ausgerechnet bei einem stinknormalen Trainingsspiel eine schwere Meniskusverletzung, die ihn nachhaltig zurückwarf. Zuvor hatten Beobachter von Fortuna und Bayer Uerdingen ernsthaft Interesse an seiner Verpflichtung gezeigt. Doch nach der Knie-Operation war er nicht mehr der von den Gegnern gefürchtete torgefährliche Außenstürmer, der er einmal war. Knapper Kommentar von einigen Zuschauern: „Ne, dat is nich mehr der alte Jero." Folgerichtig stand er auch nicht mehr auf den Notizzetteln der Scouts der höherklassigen Vereine. Kurzum: Geros Fußballkarriere hörte bereits auf, bevor sie begonnen hatte. Und alles, was in der Erinnerung für Gero geblieben ist, sind traumhaft die einmalige Berufung in die Nationalelf und die zermürbende, über 90 Minuten lange und vergebliche Wartezeit auf der Auswechselbank. Hinzu kommt im wahren Leben noch die sonderbare Erfahrung, dass er während seines Krankenhausaufenthalts im Sportkrankenhaus Hellersen genau das Bett belegt hat, in dem vorher ausgerechnet „die linke Klebe", der Dortmunder Lothar Emmerich, gelegen hatte. Immerhin konnte sich Gero, nachdem seine Fußballträume zerplatzt waren, auf andere, wesentlichere Dinge des Lebens konzentrieren. Wer weiß, was aus ihm geworden wäre, wenn er im Alter von siebenundzwanzig Jahren keine Meniskusverletzung erlitten hätte und sein Schnürsenkel vor dem wichtigsten Spiel seines Lebens nicht gerissen wäre? Wahrscheinlich Sportartikelverkäufer (allerdings mit reißfesten Schnürriemen), Tankstellenbetreiber oder Pächter eines Büdchens, natürlich mit einem großen Sortiment an Süßigkeiten. Jetzt bleibt ihm noch das Vergnügen, sich beim Sonntagsspaziergang Spiele seines Jugendvereins TUSA anzuschauen, dann aber vornehmlich der Frauen, denn die spielen immerhin in der Niederrheinliga.

9) Eine merk-würdige Freundschaft

„Uwe ist am 11.2. im Hospiz verstorben." Diese knappe Nachricht erhielt Gero am 12. Februar 2022 per E-Mail. Absenderin war Uwes erste Frau Karin, die sich nach mehr als einem Vierteljahrhundert von ihm getrennt hatte und in einem kleinen Ort in Mittelfranken eine neue Ehe mit Familienanschluss eingegangen ist. Dieser unwiederbringliche Abschied von Uwe bringt Gero zum Nachsinnen, was die im Grunde eigentümliche Freundschaft zu Uwe für ihn eigentlich bedeutet hat. Ihn kann er ja nicht mehr zum Charakter ihrer Freundschaft fragen. Schließlich zählt bzw. zählte Uwe zu seinen ältesten Freunden (an die Vergangenheitsform muss sich Gero erst gewöhnen); und es gab in den zurückliegenden mehr als fünfzig Jahren neben zahlreichen Unterbrechungen immer wieder auch längere und engere Phasen in ihrer Beziehung. Obwohl es im letzten Jahrzehnt kaum noch Begegnungen gab, hat der zweifellos außergewöhnliche Mensch Uwe einen ganz besonders tiefen Eindruck auf Gero gemacht, der auch nach seinem Tod noch lange nachwirken wird – und das, obwohl oder gerade weil dieser so wesentlich anders war, im gewissen Sinne sogar für ein Gegenmodell zu Gero gehalten werden könnte. Doch alles der Reihe nach.

Kennengelernt haben sie sich im Jahr 1966 beim Sportstudium am Institut für Leibesübungen (so hieß es damals noch) der Universität Bonn; das Herbstsemester bedeutete für beide der Einstieg ins Hochschulstudium. Gero erinnert sich noch gut an die gemeinsamen, tröstlichen wie aufbauenden Aufenthalte im legendären „Milchbüdchen" auf dem Münsterplatz, direkt neben dem Beethoven-Denkmal, jeweils nach den speziell für Gero sehr strapaziösen Schwimmstunden im Frankenbad. Diese kräftezehrenden Praxisstunden fanden immer dienstags oder donnerstags von 8 bis 9 Uhr statt. Vorher musste Gero noch mit der Deutschen Bahn aus Düsseldorf anreisen, was eine zusätzliche Anstrengung bedeutete. *(Am Rande sei angemerkt: Damals waren die Züge noch pünktlich.*

Und der berühmte Slogan hielt seinerzeit noch, was er versprach: „Alle reden vom Wetter. Nur wir nicht.“)

Nach den Schwimmzügen und Sprüngen im Frankenbad tauschten beide ihre unterschiedlichen, leidgeprüften Erfahrungen mit den Praxisstunden aus; für ihre vorangegangene „heldenhafte“ Leistungsbereitschaft belohnten sie sich mit einer Tasse Kaffee oder heißer Schokolade, für Gero immer mit Sahne, denn er hatte vorher in der Regel noch weit mehr leisten müssen, schwamm er doch in allen Disziplinen weit hinterher. Uwe tat sich nur beim Wasserspringen etwas schwer, vor allem bei den Sprüngen rückwärtsrücklings vom Einer-Brett. Ansonsten war er als austrainierter Handballer eindeutig der bessere Schwimmer; er sah übrigens dem damals sehr erfolgreichen Speerwerfer Klaus Wolfermann auch von der Statur her sehr ähnlich, dieser errang bei den Olympischen Spielen 1972 in München ja sogar die Goldmedaille. Gero hingegen war zu einseitig auf Fußball und andere Ballspielarten sowie auf Laufdisziplinen spezialisiert und deshalb von der Bewegung in diesem flüssigen Aggregatzustand weniger angetan. Wasser in Becken diente ihm als Jugendlichem in erster Linie nach ausgiebigem Sonnenbaden zur Abkühlung zwischendurch. Erschwerend kam hinzu, dass er sein Schreckenserlebnis als Kind in einem Freibad mit dem komischen Namen *Krummenweg* im Grunde nie richtig verwunden hat. Da hatte sich ein lang aufgeschossener Onkel namens Paul den kleinen „wasserscheuen“ Gero, als er noch nicht zur Schule ging, geschnappt und im hohen Bogen vom Beckenrand ins Wasser geworfen. Das Resultat dieser wohl erzieherisch gemeinten Aktion war, dass Gero das gesamte Freibad mit seinem Schreien erzittern ließ – und ihm folglich die Lust aufs Schwimmen von da ab gänzlich verleidet wurde.

Was die dialogischen „Nachbereitungen“ von Uwe und Gero auszeichnete, war, dass nicht nur ihre sportlichen Aktivitäten, sondern auch andere ernsthafte Themen eine Rolle spielten, etwa aus Literatur, Gesellschaft und Politik. Uwe studierte in seinem zweiten

Studienfach Germanistik für das Lehramt am Gymnasium, Gero Anglistik. Von ihm erhielt Gero übrigens aufgrund der Nähe zu seinem Nachnamen den Spitznamen *Gero*, denn das Sachwörterbuch der Literatur von *Gero von Wilpert* zählte im Literaturstudium sowohl in der Germanistik und Anglistik zur Pflichtlektüre.

Uwe war stets ein anregender Gesprächspartner, vor allem ein aufmerksamer Zuhörer, der auch Anteil an Geros Studiengang der Englischen Sprache und an seinen sonstigen Interessen nahm. Insofern empfand Gero ihn als wohltuende und verlässliche Ausnahme unter den anderen, eher „körperlastigen", will sagen oberflächlichen Sportstudenten. So kam es, dass Gero ihm auch einmal von Silke, seiner ersten richtigen Liebe erzählte. Ihn konnte sich Gero übrigens beim besten Willen nicht in einer engen Beziehung zu einer Frau vorstellen. Von Uwe erfuhr er nach und nach, dass er seine Kindheit in Bamberg verbracht hatte und es in seinem Elternhaus nicht gerade leicht hatte, mit drei Geschwistern, zwei älteren Schwestern und einem jüngeren Bruder. Als er zehn Jahre alt war, zog die Familie nach Bonn, da der Vater am dortigen Bundessprachenamt eine Stelle antrat. Dort soll er auch mit einer anderen Frau in einer eigenen Wohnung gelebt haben. Sein pedantischer und gestrenger Vater war nach Uwes Worten ein Privatgelehrter im Fachgebiet der deutschen Sprache, er sammelte Abkürzungen und hat über dieses Spezialthema auch diverse Bücher veröffentlicht. Erst nach Uwes Tod erfuhr Gero von Karin, dass Uwe vom 14. Lebensjahr an auf einem kirchlichen Internat war und auch mal ernsthaft mit dem Gedanken gespielt haben soll, Pfarrer zu werden.

Rückblickend ist es mehr als erstaunlich, dass ihr Kontakt nicht abriss, als Gero nach seiner schweren Sportverletzung (einem Trommelfellzerriss nach einem völlig verpatzten Sprung vom 5-m-Turm) sein Sportstudium aufgab und sich nicht bloß notgedrungen, sondern aus neugewonnener Neigung, neben seinem ersten Studienfach Englisch auch dem Studium der Erziehungswissenschaft zuwandte. Seinerzeit war Pädagogik als Lehrfach am Gymnasium anerkannt. Seine Lehrveranstaltungen fanden alle im Uni-Hauptgebäude zentral am Hofgarten statt, so dass sie sich am ehesten mal im Institut für Erziehungswissenschaft über den Weg liefen, da Uwe wie alle Lehramtskandidaten dort seine Seminare im Rahmen des obligatorischen pädagogischen Begleitstudiums absolvieren musste. Inzwischen hatte Gero dort eine studentische Hilfskraftstelle für den Aufbau eines Archivs für Bildungspolitik übernommen; den Abbruch des Sportstudiums hatte er also glücklicherweise durch den Studienfachwechsel kompensieren können.

Somit ergab es sich in den folgenden Semestern, dass sie sich immer seltener sahen und sich dann zu Treffen eigens verabreden mussten. Sie verloren sich jedoch nie ganz aus den Augen. Als Uwe sein Lehramtsstudium in den Fächern Deutsch und Sport erfolgreich abgeschlossen hatte, konnte Gero zumindest einen guten Abschluss in Anglistik (1. Staatsexamen) vorweisen. Zu Geros großer Überraschung fragte Uwe ihn, ob er in der letzten Februarwoche 1973 mit ihm und zwei anderen Kommilitonen eine Abschlussfahrt nach Paris unternehmen möchte. Gero sagte sogleich hocherfreut zu, obwohl er mit seinem Studium des zweiten Faches Pädagogik noch nicht fertig war und die beiden anderen Sportstudenten bestenfalls vom Sehen her kannte. Dieser erste Aufenthalt in Paris in der letzten Februarwoche 1973 sollte noch lange nachwirken. Er erinnert sich noch an das schäbige Dachzimmer in einem zweit- bzw. drittklassigen Pariser Hotel am Place de la République, man könnte auch Absteige sagen, die er an den drei Tagen mit Uwe teilte. Ganz in der Nähe war die Metro-Station mit dem ungewöhnlichen Namen „Oberkampf", benannt übrigens nach einem deutschstämmigen Tuchfabrikanten und Textildrucker (1738-1815). Vom Fenster aus hatte man einen malerischen Blick über die Dächer dieses 11. Arrondissements; ein Blick in die Dachrinne unterhalb des Fensters offenbarte etwas weitaus weniger Pittoreskes, man könnte auch sagen etwas Lokaltypisches, nämlich eine unübersehbare Anzahl von weggeworfenen „Parisern", was sicherlich auch den günstigen Preis dieses Hotelzimmers erklärt. Auf der Visitenkarte des Hotels „IVERNA“ (mit einem Stern!), die Gero in einem Fotoalbum eingeklebt hatte, ist zu lesen: „Pour les affaires“. Damals hatten sie sich schon gefragt, welche Geschäfte damit wohl gemeint sein könnten.

In der Rückschau erkennt Gero durchaus Anklänge an Szenen im berühmten Film „Irma la Douce“, was den Schauplatz betrifft. Außerdem denkt er zurück an weitläufige und sehr strapaziöse Spaziergänge kreuz und quer durch Frankreichs Metropole. Ziele waren zumeist berühmte kulturelle Stätten und Sehenswürdigkeiten wie der Louvre, Sacré Coeur, das Panthéon und der Invalidendom. Der „Spaziergang“ zum Eiffelturm zum Beispiel wollte nicht enden, man sah ihn stets in der Ferne, lief ihm stundenlang entgegen, doch er kam einfach nicht entscheidend näher. So wurde aus dem Spaziergang ein Gewaltmarsch. Offensichtlich wollte Uwe möglichst die Fahrkosten für die Metro sparen und nebenbei seine körperliche Fitness fördern. Die Quittung dafür erhielten sie dann jeweils am Abend. Da qualmten angesichts der zurückgelegten Kilometer die Socken, und die Wadenmuskulatur schmerzte.

In Paris lernte Gero auch hautnah Uwes genügsame Lebensweise kennen; demgegenüber war Gero ein geradezu verwöhntes Kerlchen, was zum Beispiel Kleidung sowie Essen und Trinken anging. So war Uwe abends meist mit einem belegten Baguette zufrieden. In der Nähe des Hotels gab es schließlich genug günstige Bistros. Ein Beleg für Uwes zeichnerische Kunstfertigkeit ist ein kreativ gestalteter Bierdeckel, den Gero in einem Fotoalbum „verewigt“ hat. Auf der kleinen, zudem noch viergeteilten Fläche des Bierdeckels haben die vier Paris-Besucher ihre Vorstellung vom „typischen Pariser“ zeichnerisch umgesetzt. Wer spontan auf diese originelle Idee in einem der Bistros gekommen ist, ist im Nachhinein nicht mehr zu klären. Jedenfalls hielt Gero das Resultat für wert, es aufzubewahren. Es sind vier ganz unterschiedliche Zeichnungen entstanden (siehe Abbildung am Ende): rechts unten ist eindeutig ein

Porträt von Uwe mit dunklem Vollbart zu erkennen (mit dem Kürzel HH), links unten eine eher karikierende Zeichnung von LK (das ist Lothar Kraft, der etwas saloppe, bisweilen nassforsche Sportstudent aus Aachen und begeisterter Alemannia-Anhänger). In der Ecke rechts oben hat sich Gero an seinem Bild vom typischen Pariser versucht, er versieht den schmalen Kopf mit Baskenmütze und mit qualmender Zigarette im Mundwinkel. Als das künstlerisch wertvollste Porträt sticht eindeutig das von Uwe hervor, es zeigt einen runden, fleischigen Charakterkopf mit Knollennase und Moustache; unterschrieben ist es mit *Einstein* und unverkennbar als Uwes Handschrift zu identifizieren. Zu bestimmten Anlässen, etwa zu runden Geburtstagen, erhielt Gero später des Öfteren eine dieser ausdrucksstarken Zeichnungen von Uwe, die immer wieder sein außerordentliches Talent im Zeichnen bewiesen, so auch zu Geros 60. Geburtstag. Auf der markanten Bleistiftzeichnung ist Gero als eher drahtiger älterer Mann abgebildet, der mit Hanteln seine schmächtigen Oberarme trainiert. Beachtlich wie es Uwe gelungen ist, mit wenigen Strichen seinen Zeichnungen eine derartige Ausdruckskraft zu verleihen. Leider hat Uwe dieses erstaunliche künstlerische Vermögen in seinem Leben nicht ernsthaft weiterverfolgt.

Auch nach dieser „Abschlussfahrt" nach Paris 1973 riss der Kontakt zwischen beiden nicht ab. Uwe widmete sich ganz seinem Referendariat, und Gero arbeitete als Assistent am Institut für Erziehungswissenschaft intensiv an der Fertigstellung seiner Dissertation; als wissenschaftlicher Assistent arbeitete er verstärkt daran, den Schuldienst als Referendar nicht antreten zu müssen. Einmal besuchte Gero Uwe in seiner neuen Behausung in Mülheim an der Ruhr; er bewohnte ein eher abrissreifes Haus, das einer Frau Schmitz gehörte. Die Wohnung im Erdgeschoss verfügte bestenfalls über einfachste Standards, dazu zählte ein alter, baufälliger Kohleofen. Gero konnte kaum fassen, wie es jemand dort länger als einen Tag aushalten konnte, so ärmlich, kalt und feucht kam ihm diese notdürftige Unterkunft vor. Aber irgendwie passte sie zu einem Eremiten wie Uwe, den sich Gero damals durchaus auch als Bewohner einer verborgenen Erdhöhle vorstellen konnte, massenhaft umgeben von Mineralien und lediglich ausgerüstet mit einer Angel. Gero war sich sicher: Auch hier würde Uwe in seinem Einsiedlerdasein zufriedenstellend überleben.

Nach Beendigung seines Referendariats meldete sich Uwe mal wieder und lud Gero nach Köln ein, in eine Wohnung am Barbarossa-Platz; es war Karins Wohnung, wie er später erfuhr. Zugleich deutete Uwe am Telefon vorsichtig an, dass er dort inzwischen mit einer Frau zusammenlebte, die er als junge Kollegin an seiner Gesamtschule in Leverkusen kennengelernt habe. Als Gero dann bei seinem Besuch in die kleine, aber durchaus ansprechend möblierte Wohnung eintrat, sah er eine zierliche und modisch gekleidete junge Frau mit flottem Kurzhaarschnitt, - wegen der roten Haarfarbe der italienischen Sängerin Rita Pavone nicht ganz unähnlich - , wie sie sich gerade aufmachte, die Wohnung zu verlassen und mit einem kurzen Gruß flink an ihm vorbeihuschte. Gero war sich in dieser Situation nicht mal sicher, ob sie ihn überhaupt wahrgenommen hatte, so sehr schien sie auf dem Sprung zu sein.

Gero war angesichts dieser so flüchtigen Begegnung etwas irritiert und muss im Nachhinein einräumen, dass er mit einer solchen Frau an Uwes Seite nicht gerechnet hatte. Wie sich später herausstellte, hatte sich Uwe an seiner Gesamtschule sehr um Karin gekümmert, sie sozusagen unter seine Fittiche genommen. Er stand ihr sozusagen mit Rat und Tat zur Seite, vor allem, was ihre Probleme im Unterricht mit den Schülern betraf. Nach einer enttäuschten Liebe zu einem unzuverlässigen Mann wusste sie in diesem Moment wohl diese Zuverlässigkeit und Sicherheit, die ihr der bodenständige und hilfsbereite Uwe gab, sehr zu schätzen. Sie kamen sich durch eine Fahrgemeinschaft in vielen Gesprächen immer näher und verabredeten sich dann im Winter 1975 erstmals zum Skilaufen in Igls; später in den Osterferien 1976 fuhren sie dann nach Nauders, um dort gemeinsam einen Skikurs zu absolvieren. Schon im Jahr darauf heirateten sie, und der erste Sohn Robert ließ nicht lange auf sich warten. Sie wohnten zu der Zeit in einer Dreizimmerwohnung in Monheim. Zur Geburt des neuen Familienmitglieds, des zweiten Sohnes Jan, am 18.3.1980 erhielt Gero wieder mal eine von Uwes markanten Zeichnungen. Diese zeigt ein glückliches Paar mit Kinderwagen und einen jubelnden Jungen, der den älteren Bruder Robert darstellen soll. Der Text auf der Karte lautet: „Hurra! Jetzt sind wir zu viert!"

Gero nahm danach immer mal wieder am Familienleben teil, sei es an Geburtstagsfeiern, an Schachabenden oder gemeinsamen Urlaubsfahrten. Inzwischen hatten sie sich ein Einfamilienhaus in Monheim gekauft, das sie über zwei Jahrzehnte bis zu ihrer Trennung auch bewohnten. Im Hinblick auf ihre Beziehung musste Gero häufig an das Paar in Ibsens Schauspiel „Nora" denken: Auf der einen Seite der besonnene, in sich ruhende und Sicherheit ausstrahlende Helmer, auf der anderen Seite die agile und bisweilen kokette Nora, die mehr Wert auf externe Kontakte und Wirkung legt: so betrachtet, ein ungleiches Paar, das von den Temperamenten her eigentlich nicht zusammenpasst – oder bestenfalls als vorübergehende Komplementärbeziehung.

Ein gemeinsamer Skiurlaub ist Gero bis heute noch in Erinnerung, und zwar in recht unangenehmer. Es betrifft vor allem die unerträglich lange Anreise in die Schweiz, nach Grächen im Wallis. Gero saß neben den beiden Söhnen Robert und Jan auf der hinteren Sitzbank, und der jüngere der beiden hörte stundenlang die Musikkassette „Die unendliche Geschichte" von Michael Ende. Die Fahrt durch die vielen Autotunnel in der Schweiz kam Gero ebenfalls unendlich lange vor, ein Stau nach dem anderen. Gero bekam migräne-ähnliche Kopfschmerzen. Sie rührten wahrscheinlich von den Abgasen der zahllosen Autoschlangen in den vielen Schweizer Tunnel her. Gero träumte zwischendurch davon, der Drache Fuchur hätte sämtliche Schlangen vertrieben. Als sie mit mehreren

Stunden Verspätung am Zielort ankamen, war bereits die Dunkelheit hereingebrochen, und sie mussten nach dem Ferienhaus mit dem schönen Namen *Silberdistel* suchen. Bei dieser Fahndung im Dunkeln rutschte Gero dann auch noch auf einem vereisten Hang aus; er trug zu allem Überfluss noch seine Halbschuhe, die für diese Wetterbedingungen beim besten Willen nicht geeignet waren. Schließlich fanden sie dann nach einigen Erkundigungen in der Nachbarschaft doch noch ihr Ferienquartier; Gero legte sich unverzüglich in einem der oberen Zimmer auf eine Luftmatratze und wachte auch erst am Morgen auf. Nach dem Frühstück suchte und fand Gero dann im Ort ein Zimmer in einer Pension mit dem verheißungsvollen Namen *Zur Sonne.*

Was die anderen längeren gemeinsamen Unternehmungen betrifft, fällt Gero noch eine Fahrt in die Eifel insbesondere nach Maria Laach ein, sowie in das Pfälzer Weingebiet rund um St. Martin und die knappe Woche, in der er mit der Künstler-Freundin Cordula die Familie in einem Ferienhäuschen in Dänemark besucht hat. Dabei ist Gero aufgefallen, wie gut sich der an Kunst interessierte Uwe und Cordula auf Anhieb verstanden. Später in den 1980er Jahren gab es übrigens noch eine gemeinsame Tenniswoche im Schwarzwald, in Freudenstadt, an der auch Geros neue Freundin Marie teilnahm. Sie spielten in einer Trainingsgruppe, doch leider ist es danach nie zu gemeinsamen Tennisspielen gekommen. Gero vermutet, dass sich Uwe in dieser Sportart nicht gut genug vorkam, höchstwahrscheinlich ein Beleg dafür, welch hohe Ansprüche Uwe an seine eigenen Fähigkeiten stellte und wie selbstkritisch er mit sich selbst umging.

In den rund fünf Jahrzehnten ihrer sonderbaren Freundschaft gab es immer wieder längere Sendepausen; zumeist war es dann Gero, der wieder einen Anlauf unternahm, um die Funkstille zu beenden. Hätte Gero die Begegnungen und Gespräche mit Uwe nicht für so wertvoll gehalten und stets in seiner sprichwörtlichen Beharrlichkeit nachgehakt, wäre ihre einseitige(?) Beziehung vielleicht schon längst im Sande verlaufen, und das womöglich sang- und klanglos. Andererseits wieder überraschend, dass Uwe sich letztlich doch nach längeren Pausen immer wieder gemeldet hat; Gero wertet dies im Nachhinein als offensichtliches Zeichen dafür, dass auch ihm diese Beziehung etwas bedeutet haben dürfte, wenngleich auch sie im Endeffekt ein ungleiches Paar waren: auf der einen Seite der ernsthafte, eher innengeleitete und selbstgenügsame Uwe, auf der anderen Seite der eher verspielte und seinerzeit stärker außengeleitete, durchaus auf Wirkung bedachte Gero.

Bemerkenswert ist noch, dass Uwe und Gero zusammen fast zehn Jahre lang einen Sportkurs an der Volkshochschule Hilden geleitet haben. Gero war dort seit August 1980 als Fachbereichsleiter tätig und kam auf die Idee, einen Kurs für Männer einzurichten, Titel: „Ballspieltreff für Männer über 40", und zwar samstags von 10:00 bis 11:30 Uhr. Als Kursleiter hatte er von Anbeginn Uwe im Sinn, da er ja auch über die Erfahrung und das nötige Examen als Sportlehrer verfügte. Gero setzte sich als Co-Dozent ein, was den Vorteil hatte, dass er Uwe auch mal vertreten konnte, falls dieser verhindert war. Diese Kursidee wurde ein voller Erfolg. So sahen sie sich während der VHS-Semester regelmäßig und setzten sich danach noch zum Plausch in einem alteingesessenen Hildener Café zusammen. Damit knüpften sie fast nahtlos an die alte Bonner „Milchbüdchen"-Zeit an. Diese Phase endete 1996, als Gero seine Stelle als VHS-Leiter in einer Ruhrgebietsstadt antrat. Danach wurden die Treffen mit Uwe wieder seltener, und Gero sah sich wieder in der Rolle des beharrlichen Initiators, um die Kontakte nicht gänzlich einschlafen zu lassen.

Vor der Trennung von Uwe regte Karin sogar selber mal ein gemeinsames Treffen in der Düsseldorfer Altstadt an. Da stand deren Beziehung bereits auf der Kippe, und Karin drängte Uwe zu mehr sozialen Aktivitäten. Doch auch diese Aktionen verpufften bald, und ihre Ehe war endgültig zum Scheitern verurteilt. Nach der Scheidung, unter der Uwe sehr gelitten haben muss, zog sich Uwe immer mehr in sein Schneckenhaus zurück und kümmerte sich zusehends um Aurica, die Ex-Frau seines jüngeren, ausgeflippten Bruders, die dieser in der Phase des Kalten Krieges zwischen Ost und West nach Deutschland geholt hatte. Nach dem frühen Tod seines schwierigen, egozentrischen Bruders Lothar trat Uwe als pflichtbewusster Mensch wohl das verantwortungsvolle Erbe an und sorgte nicht nur für Aurica, sondern auch für deren Tochter Julia, das Kind aus der Ehe mit Lothar, dem wahrhaftigen Sonderling. Treffen zwischen Gero und Uwe fanden inzwischen nur noch sporadisch statt. Bei einer letzten Begegnung zum Schachspielen in Düsseldorf fiel Gero auf, dass Uwes Mundpartie etwas verkniffen, ja verzerrt aussah, was er da auf akute Gebiss- und Zahnprobleme zurückführte.

Zuletzt, als Gero es aufgegeben hatte, sich weiterhin um Kontakt zu bemühen, hat Uwe noch einmal eine Geburtstagskarte geschrieben und sich zu einem späteren Zeitpunkt noch einmal überraschend per Telefon gemeldet, um mit Gero über türkische Sprichwörter zu reden, denn Uwe kümmerte sich nach seiner Pensionierung intensiv um integrativen Sprachunterricht; und Uwe wusste, dass Gero ein Unterrichtsprojekt „Andere Länder – andere Sprichwörter" entwickelt hatte. Gero freute sich, mal wieder von seinem „verschollenen Freund" zu hören und lud ihn ein, doch mal wieder zu kommen; er könne ihm passende Materialien zeigen und mitgeben. Zu einem Treffen kam es danach aber nicht mehr; es sollte in der Tat das letzte Gespräch zwischen beiden gewesen sein. Kartengrüße, E-Mails und Mitteilungen auf den AB von Uwes Telefon blieben danach unbeantwortet.

Nach einer gewissen Zeit setzte sich Gero dann mit Karin, Uwes Ex-Frau, telefonisch in Verbindung und erfuhr, dass Uwe schwer an Parkinson erkrankt sei und wohl deshalb alle Außenkontakte meide. Die unheilbare Erkrankung nahm dann ihren unaufhaltsamen Lauf. Von Karin wurde Gero dann Monate später darüber informiert, dass Uwe jetzt in einem Hospiz sei. Da wurde auch Gero klar, dass eine Begegnung nicht mehr stattfinden werde, zumal

Gero sie nicht „über Uwes Kopf hinweg" herbeiführen wollte. Vielleicht war er auch einfach nur zu bequem dazu und wollte lieber die angenehmen Momente ihrer Freundschaft in Erinnerung behalten. Am 11. Februar 2022 erhielt er schließlich von Karin die Nachricht von Uwes Tod. Am 22. März ist er beigesetzt worden, in einer Grabstätte auf einem Friedwald ganz in der Nähe von Bad Münstereifel, also in der Eifel, in der er immer gern zum Angeln und „Steinekloppen" (so nannte er immer sein Hobby der Mineralien-Suche) war. Uwe hat nun seinen letzten Ruheplatz neben einer großen Hainbuche gefunden; ein kleines Schild am Baumstamm verweist auf seine Lebensdaten: Geboren 4.10.1945 – gestorben 11.2.2022. Bei einem Besuch im Friedwald am 2.4.2022 mit einer kleinen Gruppe um Karin und Robert konnte Gero dann auch vor Ort persönlich Abschied nehmen und für sich feststellen, wie passend diese letzte Ruhestätte für Uwe gewählt ist. Sinnbildlich hat da der späte Schneefall noch für ein weißes Tuch des Schweigens gesorgt.

Gemäß Wortlaut in der Karte der Benachrichtigung über Uwe Tod wird die Beisetzung „im Familienkreis" stattfinden. Da Datum und Ort der Urnen-Beisetzung nicht angegeben wurden, bedeutete das für Gero - oder er deutete das so für sich -, dass er der Beisetzung nicht beiwohnen soll bzw. wird. In seinem Gedächtnis wird er die anregenden und unbeschwerten Augenblicke mit Uwe in den Gesprächen und bei den Spielen (Schach und Carrom) nicht vergessen. Alles zusammen genommen, haben sie ja doch im Laufe der über fünfzig Jahre eine beträchtliche Anzahl von Stunden gemeinsam verbracht. Und vielleicht ist die beste Ehre, die man jemandem geben kann, letztlich die, nach dessen Tod noch lange an ihn zu denken. Insofern sind auch diese Zeilen Geros altem Freund Uwe gewidmet. Die Karte mit der Todesnachricht ziert passenderweise ein versteinerter Ammonit – und die Zeilen darunter, vor allem die letzte (ohne Angabe eines Autors / einer Autorin, womöglich von Uwe selbst verfasst) lassen Gero immer noch über den Sinn rätseln:

Unendlich an uns bleibt allein die Materie.

Energie und Form uns schenkend.

Eine köstliche Endlichkeit weit.

Aus Geros Fotoalbum „Paris: 19.2. – 27.2.1973"

10) „DOKTORVATER“ ODER EIN PROFESSOR ALTER SCHULE

Gero muss in den Jahren nach seiner Pensionierung dann und wann noch an seine Studien- und Assistentenzeit am Institut für Erziehungswissenschaft in Bonn denken. Diese Phase, vor allem als wissenschaftliche Hilfskraft und später Assistent am Lehrstuhl von Prof. Josef Posipal, hat ihn doch stärker in seiner Geisteshaltung geprägt, als es ihm je bewusst gewesen war. Vorher war Gero allerdings auch voll und ganz mit seinen beruflichen Herausforderungen in den „Niederungen“ der Weiterbildungspraxis beschäftigt. Jedenfalls war es ohne Zweifel Posipal, der Gero in seinem weiteren Berufsweg maßgeblich beeinflusst und gefördert hat, am deutlichsten natürlich als „Doktorvater“; wobei schon erstaunlich ist, dass er wie Geros Vater auch an einem 24. März geboren wurde, bloß drei Jahre später, also im Jahr 1912, und zwar in Wien. Die österreichische Sprachfärbung war eines seiner auffälligsten Charakteristika, ansonsten war er von der Statur her mittelgroß (ca. 175 cm), trug einen schmalen Oberlippenbart, und seine braunen, graumelierten Haare waren immer streng nach hinten gekämmt, von einem glänzenden Frisiergel gebändigt. Seine Augen waren eher schmal, aber stets hellwach. Erwähnenswert ist auch, dass Posipal nach dem Studium der Germanistik, der Klassischen Philologie und Pädagogik noch lange Gymnasiallehrer in Österreich war, bevor er nach seiner Habilitation 1955 als Universitätsprofessor Nachfolger von Theodor Litt in Bonn wurde. Dessen pädagogisches Hauptwerk „Führen oder wachsen lassen“ gehörte seinerzeit zur Pflichtlektüre der Bonner Pädagogik-Studentinnen und -Studenten.

Gero lernte Posipal im Rahmen seines Philosophikums, des obligatorischen Begleitstudiums für den Lehramtsstudiengang, kennen und entwickelte sofort starkes Interesse an pädagogischen Fragestellungen, so dass ihm nach dem verletzungsbedingten Abbruch des Sportstudiums der Wechsel zur Pädagogik als zweitem Lehrfach nicht schwer fiel, im Grunde sogar willkommen war. Schon bald trat Gero dort am Institut für Erziehungswissenschaft im Nebentrakt des Universitätshauptgebäude die Stelle einer studentischen Hilfskraft an, und das mit einer Spezialaufgabe, nämlich in einem winzigen Zimmer direkt neben der Seminarbibliothek ein Archiv für Bildungspolitik aufzubauen; das war eine von Posipals originellen Projektideen, für die er zu Beginn der 1970er Jahre staatliche Fördermittel erhalten hatte; diese Jahre gelten nicht von ungefähr als das Jahrzehnt der Bildungspolitik in Deutschland.

Mit dieser Stelle am Lehrstuhl Posipal - mit der offiziellen Bezeichnung „Philosophie und Pädagogik" - lernte Gero auch den Lehrstuhlinhaber nach und nach besser kennen; von 1972 bis 1980 durchlief er dort die universitäre „Ochsentour" von der studentischen über die wissenschaftliche Hilfskraft bis zur erst befristeten, dann verbeamteten Assistentenstelle (offiziell: „auf Widerruf"). Professor Posipal galt allgemein als akademisch anspruchsvoll oder gar abgehoben; gefürchtet war er bei vielen als strenger Prüfer, denn eine Prüfung bei ihm entwickelte sich stets zu einer „Tour d´Horizont", so lautete seine eigene, für manche furchteinflößende Bezeichnung.

Geradezu sprichwörtlich war seine Arbeitsdisziplin: Als die studentischen und wissenschaftlichen Mitarbeiter/innen an seinem Lehrstuhl ihm einmal in einer geplanten Aktion gemeinsam zum Geburtstag gratulierten (es muss der 65. gewesen sein), schien ihm diese Geste eher unangebracht oder gar störend zu sein. Überrascht war er schon, doch weniger freudig als konsterniert. Seine spontane Reaktion bestand jedenfalls darin, die Versammlung kurzerhand sachdienlich und zielorientiert, also ganz in seinem Sinne, umzufunktionieren, indem er zur Tagesordnung überging, also über aktuell anstehende Aufgaben in seinem Bereich informierte und danach die Zusammenkunft rasch auflöste, um alle wieder an ihren Arbeitsplatz zu schicken. Ein Beleg dafür, dass alles, was nicht unmittelbar mit Arbeit zu tun hatte, von ihm als kontraproduktiv empfunden wurde.

In seiner Rede bei der Gedenkfeier am 10.10.1988 in Bonn drückt es Professor Dieter-Jürgen Löwisch, ein ehemaliger Assistent von ihm, so aus: *Er erwartete nämlich von seinen Mitarbeitern ein seinem Arbeitsethos völlig affines Arbeitsethos.*

Gero erinnert sich in diesem Zusammenhang noch an folgenden Ausspruch von Posipal: *Wenn Sie mal so alt sein werden wie ich, werden Sie mich verstehen und auch sparsamer mit Ihrer Lebenszeit umgehen.* Sein vergleichsweise früher Tod (mit 75 Jahren) erklärt diese Haltung vielleicht. Möglicherweise stand ihm damals schon sein Lebensende vor Augen. Für ihn galt jedenfalls die Devise, dass Lebenszeit nur dann sinnvoll ist, wenn sie mit Arbeit, in seinem Fall mit akribischer wissenschaftlicher Arbeit, ausgefüllt ist. In seinen letzten Lebensjahren, er starb 1987, galt sein Sinnen und Trachten vorzugsweise seinem philosophisch-pädagogischen Lebenswerk, der systematischen Ausarbeitung seines praxeologischen Modells, seiner Lehre von der Gesamtpraxis des Menschen. In diesem Interdependenzsystem von praktischen Wissenschaften steht die Pädagogik neben Technik, Ökonomie, Medizin, neben der Rechtspraxis, der Wehrpraxis, der Journalistik, ferner neben der Kunstpraxis, der Wissenschaftspraxis und der Religionspraxis. Der Politikpraxis ist mit den leitenden Ideen der Gerechtigkeit und des Gemeinwohls eine zentrale, steuernde Bedeutung zugewiesen, in Anlehnung an die antike Bedeutung der Politik als „Königsdisziplin“. Tragisch ist, dass Posipals Lebenswerk unvollendet geblieben ist, und er das Erscheinen seines letzten Buches „Grundriss einer Gesamtpädagogik“ nicht mehr erleben konnte.

So mancher hielt ihn für das Musterbeispiel eines *zerstreuten Professors,* der sich in seinem Alltag nicht mit trivialen Alltagsgeschäften abgab, folglich darin völlig unerprobt war. Als anschaulicher Beleg sei hier eine Szene beschrieben, an die sich Gero bis auf den heutigen Tag noch lebhaft erinnern kann. Eines Vormittags stürmte Posipal in das gegenüberliegende Assistenten-Zimmer und forderte Gero gestenreich, ohne weitere Erklärung, auf, ihm zu folgen, was er dann auch tat. Sein Professor stürmte derweil über den langen Gang des Instituts, die Treppe hinunter zum Ausgang im Erdgeschoss. Dort im Innenhof blieb er kurz stehen, um Gero wiederum ein Zeichen zu geben, dass es noch weiter ging, offensichtlich über die Straße in eines der dortigen Geschäfte. Auf gleicher Höhe, aber immer noch ohne weitere Information, überquerten sie flott die vielbefahrene Straße vor dem Uni-Hauptgebäude, und in Posipals Sog zog es Gero nicht, wie vermutet, in die Buchhandlung Bouvier, sondern in den Schreibwarenladen daneben. Etwas aus der Puste, begab sich das „Kundenpaar" zu einer der Verkäuferinnen hinter der Ladentheke. Diese fragte freundlich, womit sie ihnen helfen könne, worauf Posipal - noch nach Luft ringend - ins Stammeln geriet und begann, den gewünschten Artikel etwas hilflos zu umschreiben: *Ich hätte gern das, womit man seine Blätter abheften kann...* Dabei schaute er Gero mit einem animierenden Seitenblick erwartungsvoll an, doch der wusste ja auch noch nicht, worum es eigentlich ging. Als die Verkäuferin dann ergänzte: *„Sie meinen einen Ordner oder eine Mappe?"*, wurde Posipal zusehends hektischer und verneinte dies vehement. Da die Situation immer vertracktere, ja peinlichere Züge annahm, glaubte er diese Szene retten zu können, indem er seinen Oberkörper straffte und sich hochoffiziell vorstellte: *„Ich bin der Professor Posipal ... gegenüber vom Institut für Erziehungswissenschaft..."* Die Verkäuferin wurde durch diese unübliche Vorstellungsformalie noch zusätzlich verunsichert und fuhr vorschnell fort: *„Sie meinen einen Apparat zum Zusammenheften!? Einen Locher."* Das war es aber auch nicht. Nun ahnte Gero langsam etwas, weil Posipal, inzwischen im Gesicht stark errötet, zur Identifizierung des gesuchten Gegenstandes mit seinen Händen den Umgang mit ihm gleichsam pantomimisch darzustellen versuchte. Dabei wurden von ihm mehrere Seiten übereinander gelegt, gelocht und mithilfe einer winzigen Unterlage abgeheftet, indem zwei Metallbügel durch die Löcher geführt und abgeknickt wurden. Nur leider fiel Gero da immer noch nicht der bürotechnische Fachbegriff für diesen Artikel ein. Gero erläuterte gegenüber der Verkäuferin immerhin noch, dass dieser kleine, gelochte Gegenstand aus Pappe oder Plastik mit Metalllaschen dann in einen größeren Ordner abgeheftet werden könne. Da ging auch ihr endlich ein Licht auf und sie rief hocherfreut: *„Sie meinen Faszikel."* Vom mühsamen Rätselraten erlöst, rannte sie sofort los, um solche zu holen. Und in der Tat, genau diese Faszikel oder auch Heftstreifen hatte sein Professor gesucht. Langsam beruhigte er sich wieder, und sein Gesicht nahm wieder die normale Färbung an. Rückblickend hätte er sich diese nervige Situation leicht ersparen können. Er hätte schon vorher im Institut den Büroartikel beschreiben oder auch zeigen können, dann hätte Gero ihn allein - also ganz ohne professorale Begleitung – besorgen können. Was Posipal in dieser Situation „geritten" hat, weiß Gero bis heute nicht. Eines ist allerdings allzu deutlich geworden: Er war in einem gewissen Sinne, was die gewöhnlichen Dinge des Lebens betrifft, unbeholfen, untüchtig, mit anderen Worten nicht besonders alltagstauglich; das brauchte er anscheinend auch nicht zu sein, denn für derlei Banalitäten waren in seinem Umfeld meist andere zuständig.

An einem heißen Sommertag besuchte Gero seinen Doktorvater ausnahmsweise mal in seiner Wohnung im Bonner Stadtteil Endenich, um ihm etwas aus seinem Büro oder der Fachbibliothek des Instituts zu bringen. Als er ihn hinter seinem riesigen Schreibtisch entdeckte, staunte er nicht schlecht. Es waren nicht die Massen von Büchern, Materialien und Mappen, die sich vor ihm stapelten – dieses kreative Chaos kannte Gero nur zu gut von sich selbst; nein, es waren die zahllosen zerknüllten Papiere, die den Boden vor dem Schreibtisch und neben dem Papierkorb bedeckten. Posipal muss Geros erstaunten Gesichtsausdruck erkannt haben, denn er gab diesen knappen Kommentar ab: *Das räumt nachher meine Frau weg.* Am Rande sei noch bemerkt, dass Gero als Bote selbst bei dieser Affenhitze kein Kaltgetränk angeboten bekam, es blieb auch keine Zeit für einen kleinen Plausch, dafür war ein unermüdlicher, ja rastloser Denker wie Posipal allzu sehr in seine Gedankengänge vertieft; Small Talk muss für ihn eine Zeitvergeudung, nein, eine Zumutung gewesen sein. Aber das kennen wir ja schon: Nach Erhalt der fehlenden Unterlagen nahm Posipal den Boten Gero kaum noch wahr; er war vielmehr froh, sich jetzt wieder voll und ganz in seine wissenschaftliche Arbeit stürzen zu können.

Seiner doktorväterlichen Art, wie bereits erwähnt, verdankt Gero den erfolgreichen Abschluss seiner Promotion. Denn als Gero ihm gegenüber kurz vor Fertigstellung der schriftlichen Arbeit einmal äußerte, er wolle seine Dissertation nun doch nicht schreiben, fiel dieser fast aus allen Wolken, sah ihn konsterniert, fast schon beleidigt an und sagte, wie vom Blitz getroffen, wörtlich: *„Das wollen Sie mir doch nicht antun!"* Und Gero als folgsamer „Sohn" hat es dann auch nicht übers Herz gebracht, ihm das anzutun...

Posipal war bei aller Reserviertheit ein aufmerksamer Beobachter und sensibler Menschenkenner. So bezeichnete er Gero einmal als „Vielreiter", nachdem er von dessen verschiedenen Interessen und Aktivitäten erfahren hatte; natürlich verwendete er hier als Altphilologe den griechischen Ausdruck, der Gero leider entfallen ist. (Es könnte die Bezeichnung „polý anavátis" gewesen sein.) Nach erfolgreicher Promotion hat Posipal ein ausgezeichnetes Empfehlungsschreiben für Geros Doktorarbeit verfasst; so gelang es, dass der renommierte Beltz-Verlag 1978 die Dissertation in seiner grünen Reihe der Monographien herausbrachte. Dies sollte Geros größte wissenschaftliche Leistung darstellen. Ein unangenehmer, selbstgefälliger Professorenkollege am Bonner Institut äußerte sich abwertend, sogar abfällig, über Geros Arbeit - sinngemäß: *Damit könne er bestenfalls an der Bremer Uni etwas werden;* dieser vermutete bei ihm wohl eine linksradikale Gesinnung, was wahrscheinlich an seiner äußeren Erscheinung (Bart und lange Haare) lag, so manchem Foto auf den RAF-Fahndungsplakaten nicht unähnlich; Gero geriet im Rahmen der Schleyer-Entführung tatsächlich einmal ins Netz der Rasterfahndung. Unter diesen Vorzeichen konnte es nach Posipals Emeritierung für Gero keine Zukunft an der Uni Bonn geben; dieser hatte übrigens seinerzeit auch von den Vorbehalten bzw. Unterstellungen seines Kollegen erfahren und berichtete Gero beiläufig davon. Schmunzelnd beendete er das Gespräch dann mit den Worten: *Um festzustellen, dass das nicht stimmt, braucht man doch nur in Ihre Augen zu schauen.*

Gern erinnert sich Gero noch an die private Promotionsfeier im kleinen Bonner Weinhaus Jacobs in der Altstadt. Von seinem Doktorvater erhielt er als Geschenk eine Vinyl-Langspielplatte der „Vier Jahreszeiten" von Vivaldi, die er immer noch besitzt. Da die Hülle dieser LP schon leichte Gebrauchsspuren aufwies, vermutet Gero, dass sie aus Posipals damaliger Plattensammlung stammt. Dessen ungeachtet hat er sich über diese musikalische Aufmerksamkeit sehr gefreut; übrigens soll Posipal in den 1930er Jahren durchaus mit einem Musikstudium geliebäugelt haben. Wie Gero einmal nebenbei erfuhr, schätzte Posipal den Komponisten Brahms ganz besonders. Bei dem geselligen Beisammensein in der Weinstube trug Ingrid, eine studentische Hilfskraft, überraschend ein selbstverfasstes, humoriges Reimgedicht vor, das Gero gewidmet war. Die vorletzte der dreizehn Strophen lautet: *Nur drei sind nicht dabei: / Unser kleiner Drachen / Kann das ja nicht machen; / Und der Prinzen / Lutscht stattdessen Pfefferminzen; / Um den Arnim Kaiser / Wird´s immer leiser, / Er ist krank / Und sagt: schönen Dank!"* (Datiert ist das „Quatschgedicht" auf den 4.1.77.) Kaiser war Geros langjähriger Assistentenkollege, und mit „Prinzen" ist Heinz Prinzen gemeint, ein Mitarbeiter am Curriculum-Projekt „Bildungspolitik als Gegenstand politischer Bildung". Wer mit „kleiner Drachen" gemeint ist, erschließt sich Gero beim besten Willen nicht mehr. Zur sinnbildlichen Krönung erhielt Gero an diesem Abend einen aus schwarzem Plakatkarton selbstgebastelten Doktorhut, den er jedoch nur für kurze Zeit aufsetzte, seine lockenprächtige Frisur hätte schließlich leiden können... Gero weiß noch, dass an diesem Abend viele Gläser Wein getrunken wurden, und er beim Kollegen Heinz-Walter in der Wohngemeinschaft „Im Mauspfad" übernachtet hat, in einer Seitengasse ganz in der Nähe des Uni-Hauptgebäudes. Mit Heinz-Walter hat Gero in den letzten Monaten seiner Hochschulzeit zwischendurch auch manchmal Squash gespielt; dabei wurden sie nicht nur einmal für Brüder gehalten.

Heinz-Walter gehörte zur Arbeitsgruppe, die das bereits erwähnte Curriculum-Projekt mitentwickelt und mit unterschiedlichen Zielgruppen an diversen Evangelischen Akademien probeweise durchgeführt hat. Dies zeigt, wie praxisorientiert in den 1970er Jahren am Institut in der Abteilung „Philosophie und Pädagogik" gearbeitet wurde. Partner und Förderer dieses Projekts war die *Bundeszentrale für politische Bildung*. Dieses Beispiel zeigt zudem, wie breit und handlungsbezogen Posipals Denken ausgerichtet war. Dafür spricht auch Geros Thema seiner Dissertation „Politikbegriffe und Erziehungsziele im politischen Unterricht", das so wahrscheinlich kein anderer Lehrstuhlinhaber in Bonn angenommen hätte. Insofern ist auch Löwischs Einschätzung in seiner Gedenkrede aus dem Jahr 1988 voll zuzustimmen: *Dieses offene und in dialektischen Spannungen ablaufende Denken hat ihn bis zum Ende seines Schaffens ausgezeichnet. ... (Er) blieb bis zum Ende seines Schaffens Zeitproblemen verbunden, aber er verschrieb sich keinem jeweils herrschenden Zeitgeist.* Man vergleiche bloß diese Zeilen mit folgendem Aphorismus aus Geros Feder: *Mit der Zeit / wird auch der Zeitgeist / das Zeitliche segnen.*

Die offizielle Promotionsfeier verlief natürlich wesentlich formeller; alle Promovierten der verschiedenen Fakultäten waren aufgelaufen und wurden im gut gefüllten Festsaal geehrt; das unvergessliche musikalische Glanzstück für Gero war das Konzert des Universitätsorchesters, in erster Linie die nur knapp 5 Minuten kurze, aber lange nachklingende „Romance Cantabile in E-Moll"- für Querflöte, Fagott, Klavier und Streichorchester, natürlich passenderweise von Ludwig van Beethoven. Ein Foto aus dem April 1978 dokumentiert dieses für Gero außerordentliche Ereignis. Es zeigt einen gut gelaunten, in die Kamera lächelnden Josef Posipal mit dunkelrot gemusterter Krawatte und dicht daneben den wildgelockten und sichtlich entspannten Gero mit runder Nickelbrille und einer schwarzen Samtfliege, übrigens beide in etwa gleich groß; man könnte sie glatt für Vater und Sohn halten.

Bevor Gero dann im Sommer 1980 das Institut für Erziehungswissenschaft verließ, um eine Stelle in der Erwachsenenbildung anzutreten, wurde ihm noch eine besondere Auszeichnung zuteil. Posipal hatte ihm zuvor den Auftrag für einen Artikel in der Enzyklopädie Erziehungswissenschaft, herausgegeben von Dieter Lenzen, „verschafft", Titel: „Der jugendliche Mensch. Aspekte der Psychologie, Soziologie und der disziplinären Sozialisationsforschung". Als dieser Artikel von Gero nach längerer, aufwändiger Recherchearbeit verfasst worden war und auch vom Herausgeber des Lexikons für gut befunden wurde, erhielt er von Posipal am Ende seiner wissenschaftlichen Karriere noch den „Ritterschlag"; er bemerkte voller Anerkennung: *Jetzt sind Sie habilitabel.* Obwohl Gero schon ein mögliches Thema für seine Habilitation im Hinterkopf hatte, nämlich „Eine schülerorientierte Theorie der Schule" (Arbeitstitel) -, doch „habilitabel" hin oder her, Gero hat sich nach der Hochschulphase ab August 1980 für einen praxisnäheren Berufsweg entschieden. Posipal hat auch hier Geros Neigung bestens erkannt; in seinem Beschäftigungszeugnis (vom 2. Juli 1980) bescheinigt er ihm, dass er „...seine Lehrverpflichtungen mit großer Hingabe erfüllt. Zu seinen Studenten hatte er ein sehr persönliches Verhältnis und war ihnen Berater, Helfer und Betreuer. Deshalb kann er auch auf einen beachtlichen Lehrerfolg zurückblicken." Eigenartig und merkwürdig zugleich ist, dass in diesem Zeugnis eine Tugend hervorgehoben wird, die viele Jahre vorher schon in einem Zeugnis für Geros Vater Erwähnung gefunden hatte und in den letzten Jahren eher ins Hintertreffen geraten ist: die Bescheidenheit. Wörtlich wird Gero im Zeugnis so charakterisiert: „...ein umgänglicher und bescheidener Mensch." Rückblickend ist zwar festzuhalten, dass Gero in der Anfangszeit seines Studiums eher zurückhaltend oder gar schüchtern war und sich kaum traute, sich in den Seminaren zu Wort zu melden. Dies hat er dann aber nach und nach abgelegt bzw. gelernt, seine Bescheidenheit gemäß der Situationsumstände (nach Aristoteles: kyriotata) zielorientiert und wirkungsvoll einzusetzen. Insofern wäre im Grunde genommen auch für ihn die sonderbar paradoxe Formulierung passender, da ehrlicher, auf die Gero einmal in einem Arbeitszeugnis seines Vaters gestoßen ist: *„…(er) trug nicht selten seine Bescheidenheit zur Schau.“*

11) Ein wunder Punkt

Auch jetzt noch - im Seniorenalter – schmerzt mich dann und wann der Verlust eines Spielzeugs, das ich als Kind heiß geliebt habe; es handelt sich um die Modellautos der Firma Wiking. Diese Miniautos aus Kunststoff, die den echten Autos modellgetreu nachgebildet waren, habe ich mit Begeisterung gesammelt. Ein neues Wiking-Modell zu Weihnachten geschenkt zu bekommen, das ich noch nicht in meiner Sammlung hatte, war einfach das Größte. Gern erinnere ich mich noch an die Vorbescherung an Heiligabend durch unsere damalige Haushälterin und „guten Geist" im Elternhaus, quasi meine Ersatzmutter, Frau Junker. Sie schenkte mir einige Jahre lang verlässlich jeweils ein neues Modellauto, immer eingehüllt jeweils in hellblauem Packpapier des damals legendären Spielzeuggeschäfts „Lütgenau", das es längst nicht mehr gibt; darunter waren ein Holztransporter mit richtigen Mini-Holzstämmen auf der Ladefläche und ein Goliath-Dreirad, ein kleines Lastenfahrzeug, das in den 1950er und frühen 1960er Jahren oft auf den noch nicht so befahrenen Straßen unseres Stadtteils anzutreffen war.

So kamen im Verlauf meiner Kinderjahre immer mehr Modellautos zusammen; irgendwann hörte ich auf zu zählen, es waren am Ende bestimmt über 200 Stück. Am liebsten spielte ich damit übrigens auf dem Teppich im Wohnzimmer, denn dieser bot von der linearen Struktur her die besten Möglichkeiten, Straßen und Plätze abzubilden. Doch auch im Garten auf Sandhügeln kamen die Autos zum Einsatz, nachdem wir Kinder den Sand gewässert hatten, um so daraus ebene Straßen formen zu können, am besten solche mit Gefälle. Dies tat den filigranen Modellautos jedoch nicht gut, denn es sorgte natürlich für mächtig Sand im Getriebe. Als andere Spiele immer interessanter wurden, vor allem Fußball, hörte ich naturgemäß auch auf, mit den Wiking-Autos zu spielen, und sie wanderten alle in eine Kiste.

Diese große Kiste aus festem Karton mit samtiger beigefarbener Oberfläche, begleitete mich bis ins junge Erwachsenenalter. Ich glaube, darin befand sich ursprünglich ein Werbegeschenk zu Weihnachten für meinen Vater, der Einkaufschef einer Werkzeugmaschinenfabrik war; von der Größe her enthielt die Kiste wahrscheinlich einige Flaschen Wein. Ich hob sie, nun gefüllt mit den Modellautos, auch im Jugendalter noch lange Zeit auf und würde sie heute noch besitzen und hüten wie meinen Augapfel, wenn mein Verhalten damals (wohl anfangs der 1970er Jahre) nicht so dämlich gewesen wäre. Ich habe mich einfach von einer Nachbarin, der Mutter des kleinen Marcel, überrumpeln lassen. Und darüber ärgere ich mich manchmal heute noch; und zu allem Überfluss ärgert es mich noch mehr, dass ich mich an diese ärgerliche Szene vor rund fünfzig Jahren heute noch so gut erinnern kann. Wenn Sie nun wissen möchten, was ich meine und wie es dazu kam, dann lesen Sie einfach weiter.

Ich war 25 oder 26 Jahre alt, studierte und lebte wahrlich in einer Studentenbude im Souterrain eines dreistöckigen Altbaus. So schön das Wort „Souterrain“ auch klingen mag, allerdings lässt der Name „Souterrain“ schon ahnen, worum es sich handelt, nämlich um etwas, das unterirdisch gelegen ist; in diesem Falle: eine winzige Wohnung im Kellergeschoss, und die hatte so ihre Tücken. Sie hatte insbesondere feuchte Wände und verfügte über einen Kohleofen. Die Kissen und Bettbezüge in der Schlafnische waren eigentlich nie richtig trocken, selbst im heißesten Sommer nicht. Und doch hatte dieses Kellerloch seine positive Seite, so erwies es sich bei heißen Außentemperaturen geradezu als Schattenparadies. Hier nur ein Beleg für die Unzumutbarkeit der Behausung: Kissen, die ich im Frühjahr in einen Schrank gepackt hatte, der direkt an der Kellerwand stand, waren grün, als ich sie im Herbst herausholte. Da half auch das Abrücken des Schrankes nicht. Wenn ich aus den schmalen Fenstern Richtung Garten hinaus schaute, schweifte mein Blick gerade eben über die Grasnarben. Soviel zur Beschreibung meiner seinerzeit bescheidenen Wohnsituation. Dessen ungeachtet fand dort auch die eine oder andere ausgelassene Party statt, was vielleicht auch am abgründigen Charme dieser Behausung lag. Als an einem Augusttag nach heftigen Gewittern und Starkregen das Wasser aus der Kanalisation die Kellerwohnung überflutet und somit das gesamte Mobiliar, darunter auch viele meiner Vinyl-Schallplatten, beschädigt hatte, war auch dieses Wohnkapitel beendet; und es wurde Zeit, sich nach einer höher gelegenen Wohnung umzusehen.

Nun aber zurück zu meinem Wiking-Auto-Malheur. Es ist und bleibt ein zwar kleiner, aber nach wie wunder Punkt in meinem Leben. Marcel, der kleine, blondgelockte Junge aus der ersten Etage, war neugierig und besuchte mich ab und zu im Keller; da zeigte ich ihm eines Tages stolz meine ansehnliche Auto-Sammlung. Er war stark beeindruckt und fragte gleich, ob er sich diese ausleihen dürfe, um mal damit zu spielen. Ich dachte mir damals nicht viel dabei, war offensichtlich in diesem Moment bestens gelaunt und infolgedessen auch - entgegen meiner ansonsten skeptischen Natur - großzügig. Hocherfreut zog er mit dem Kasten, meinem Schatz aus der Kindheit, ab und lief flott und frohgemut die Treppe zu seiner Wohnung hinauf. Seine Reaktion stimmte mich in diesem Moment auch positiv, da es mir das Gefühl gab, diesem Kind eine Freude gemacht zu haben. Marcels Eltern waren noch recht jung und nach Aussage der Vermieterin beide Ärzte.

Nach dieser für mich eigentlich ungewöhnlich spontanen Verleih-Aktion verlor ich meine Modell-Auto-Sammlung längere Zeit aus den Augen. Doch nach etlichen Wochen – vielleicht waren es auch einige Monate – kam mir mein „Spielzeug-Schatz" mal wieder in den Sinn; also ging ich in die erste Etage, um ihn wiederzuholen. Und da passierte erst das, was erstaunlicherweise das Zeug hat, mich bis auf den heutigen Tag noch zu beschäftigen, ja sogar aufzuregen. Marcels attraktive, ebenfalls hellblonde Mutter, öffnete die Wohnungstür. Ich fragte nach meiner Auto-Sammlung, da erwiderte sie überrascht, fast schon konsterniert, zudem voller Selbstgewissheit und mit einem vorwurfsvollen Unterton: *„Marcel sagte doch, Sie hätten sie ihm geschenkt!"* Da stand ich meinerseits nun völlig perplex, sprach- und fassungslos da, und statt lautstark und bestimmt zu erwidern: *„Das stimmt nicht!"*, zog ich kleinlaut und unverrichteter Dinge wieder ab; kam mir beim Abgang irgendwie vor wie ein begossener Pudel.

Wieso ich in dieser Situation nicht besser vorbereitet war, also reaktionsschneller und selbstbewusster reagiert hatte, und mich so von dieser resolut auftrumpfenden Frau habe abwimmeln lassen, ist mir nach Jahrzehnten immer noch ein Rätsel. Der kleine Marcel hat sich danach übrigens nie mehr bei mir blicken lassen. Seine Neugier war offensichtlich gestillt, sein Interesse an der Person im Souterrain vollauf befriedigt. Wenige Monate später hörte ich von der Vermieterin, dass das Arztehepaar nach Aachen gezogen sei. Dort wird dann auch mein „Schatz der Kindheit" gelandet sein. Möglicherweise sind meine alten Autos der Marke „Wiking-Modellbau" auch längst als Sammelobjekte zu Höchstpreisen verkauft worden. Ich glaube jedenfalls nicht, dass meine Wiking-Auto-Schatulle für Marcel auch nur annähernd zu solch einem wertvollen Schatz aus der Kindheit geworden ist.

12) Der kleine und der große Bruder

Einige aufmerksame Leser der Episoden der „ersten Halbzeit" (im Buch „Aus der alten Tüte") zeigten sich verwundert, dass Geros Bruder Holger nach dem 11. Kapitel über „Kinderlose Nachbarn und die Trümmerkinder" nicht mehr auftauchte. Die letzte Erwähnung bezieht sich auf die überraschende, für Holger entsetzliche Fahrt in ein privates Internat in Bonn, das Ernst-Kalkuhl-Gymnasium, das heute noch existiert. Der Vater hatte ihn eines Tages in den frühen 1950er Jahren gänzlich unvorbereitet mit seinem Auto, wahrscheinlich war es der DKW 3=6, nach Schulschluss vom Lessing-Gymnasium abgeholt und unverzüglich im Internat abgeliefert. Da Holger kein guter Schüler war und wie seinerzeit Charlie Brown im gleichnamigen Schlager „immer Unsinn im Sinn hatte", weiß Gero nicht, wie viele Androhungen es vorher vor allem durch den Vater gegeben hatte.

Nach diesem Einschnitt beschritten die beiden Brüder Gero und Holger in der Tat ganz unterschiedliche Wege, und es gab nur noch selten Berührungspunkte. Als Holger auch auf dem Internat nicht zurechtkam, trat er schon bald auf Vermittlung des Vaters eine Lehre in einer Düsseldorfer Metallfirma an und wurde kaufmännischer Angestellter; Gero spulte unterdessen ohne Umwege, quasi geradlinig, seine Schullaufbahn auf dem Lessing-Gymnasium ab. Im Unterschied zu seinem älteren Bruder war er braver und zugleich anpassungsbereiter. Bevor Holger mit 19 Jahren freiwillig zur Marine ging, man könnte auch sagen „abtauchte", gab es eine größere Abschiedsparty im Elternhaus. Da bewunderte der 14-jährige Gero Holgers attraktive und lebhafte Freundin Rosemarie. Sie trug ein gepunktetes Pettycoat-Kleid, und ihre blonden Zöpfe wirbelten bei jeder Tanzdrehung keck durch die Luft; so stolz und überglücklich wie jetzt beim Rock´n´Roll-Tanzen hatte Gero seinen großen Bruder vorher noch nie erlebt. Dank seiner hochgekämmten Tolle sah er dem damaligen Teenager-Idol James Dean fast zum Verwechseln ähnlich. Über Holger hat Gero in den späten 1950er Jahren die

Musikrichtungen Dixieland, vor allem durch die Bands von Chris Barber (mit so bekannten Titeln wie „Ice Cream“ und „Wild Cat Blues“) und Mr. Acker Bilk („Summer Set“ und „That´s my home“) sowie die Anfänge des Rock´n´Roll durch Bill Haley kennengelernt. Unvergesslich das mitreißende Stück „See you later Alligator“. Gero kann sich noch an den begeisterten Bericht von Holger über ein legendäres Live-Konzert von Bill Haley im Oktober 1958 in Essen erinnern, bei dem es heiß herging und am Ende sogar die Stühle durch den Saal flogen und Bill Haley und seine Band „His Comets“ ihren Auftritt abbrechen mussten. Eine Schlagzeile in einer Düsseldorfer Tageszeitung lautete: „Halbstarke außer Rand und Band“.

So wild ging es bei Holgers Abschiedsfete in der Karnevalszeit des Jahres 1959 nicht zu, dennoch war Gero an diesem Abend von den Kostümen der Gäste, von der mitreißenden Musik und den tanzenden Paaren stark beeindruckt. Er war da mal gerade vierzehn Jahre alt, und seine musikalischen Favoriten hießen Connie Francis und Roy Orbison. Die frühen Titel im Original hörte er über den britischen Soldatensender BFN (British Forces Network) wie: „Lipstick on your collar“ oder „Only the Lonely“. Geros Musikgeschmack bewegte sich da schon in eine andere Richtung. Holgers und Geros Vater war an diesem Abend als „Anstandswauwau“ gut damit beschäftigt, die knutschenden Paare in den dunklen Ecken des Gartens und im Gartenhäuschen aufzuscheuchen und wieder in lichtere Gefilde zu schicken. Es grenzte überhaupt an ein Wunder, dass der Vater diese Party in der eigenen Wohnung zugelassen hatte.

Wenige Wochen danach begann Holger im Alter von 19 Jahren seine dreijährige Zeit bei der Bundeswehr: So ließ er seinen jüngeren Bruder allein zurück und entfloh dem Vaterhaus, in dem inzwischen die herbe Stiefmutter Paula das Kommando übernommen hatte. Für Holger eine durchaus nachvollziehbare Entscheidung, denn während seiner Militärzeit lernte er interessante Marinestandorte kennen, zum Beispiel Glücksstadt, Plön, Sylt und insbesondere Kiel; in der letztgenannten Stadt an der Ostsee lernte er die schlanke Kirsten mit ihrer markanten blonden Kurzfrisur kennen und lieben, so dass er sie dort bereits am Ende seiner Dienstzeit im Juni 1962 heiratete. Dass er dann mit ihr in die erste Etage seines Elternhauses in der Himmelgeister Straße Düsseldorf zog, stellte sich schon bald als schwerer Fehler heraus. Im Januar 1963 wurde zwar Kai in Düsseldorf geboren, Geros Patenkind, doch die Meinungsverschiedenheiten und Streitereien zwischen der Stiefmutter Paula und Kirsten in Sachen Haushaltsführung, speziell in der Handhabung der Waschmaschine, nahmen derart zu, dass sie bereits im Dezember 1963 nach München zogen, denn dort konnte Holger eine Außendienststelle für die Firma Henkel übernehmen. Während dieser kurzen Zeit in Düsseldorf sahen sich Holger und Gero auch des Öfteren, dann spielten sie in der ersten Etage vor allem Schach, tranken dabei ein Glas Whisky und hörten aktuelle Schallplatten, die in erster Linie Gero mitbrachte. Dazu zählten vor allem die seinerzeit beliebten Instrumentalhits wie etwa die von Billy Vaughn („A Swingin´ Safari"), Duane Eddy („Rebel Rouser") und der Filmmusik „Exodus" (von Ferrante & Teicher). Ab und zu spielte Gero auch in der Fußballbetriebsmannschaft von Henkel mit, denn Holger, der Abräumer in der Abwehr war, wusste dessen fußballerische Fähigkeiten durchaus zu schätzen, vor allem seine Schnelligkeit und Dribbelstärke sowie seinen Torinstinkt. Holger hingegen war eindeutig besser im Wassersport, ob Schwimmen oder Kanu. Darin gewann er als Vereinssportler auch einige Medaillen.

Abgesehen von einer kurzen, aber denkwürdigen Unterbrechung ist Holger dann auch bis heute in München und in der näheren Umgebung geblieben. Dort hatte er seine zweite, nun weiß-blaue Heimat gefunden. Gero verfolgte aus der Ferne dessen häufige Wohnortwechsel rund um München und noch wechselvolleres Liebesleben. Einige Male in der Ferienzeit besuchte Gero ihn auch in Orten wie Pöring, Ebersbach, Oberpframmern, Glonn, Ottobrunn und München-Harlaching. Im Sommer 1972 trafen sie sich während der

Olympiade in München, als Gero dort als Begleiter einer Jugendgruppe tätig war. Wie Holger Gero gegenüber einmal erwähnte, hätte er als Außendienstler häufig anderswo übernachten müssen, etwa in einem stark frequentierten Hotel am Tegernsee: himmelund da seien eben die Verlockungen groß gewesen, gleichermaßen auch bei den Feiern des Schützenvereins in Pöring, dessen Mitglied er geworden war - ganz nach der Devise: „Gelegenheit macht Liebe“. Holger brachte es sogar fertig, Gero einmal überraschend in Düsseldorf zu besuchen, doch nicht seinetwegen, sondern weil er kurzfristig eine „sturmfreie Bude“ benötigte. Die fand der dann auch in der feuchten Souterrainwohnung, in der Gero eine kurze Zeit in der oberen Himmelgeister Straße hauste, bevor er sie nach starken Regenfällen wegen Überflutung des gesamten Kellerbereichs verließ. Gero fühlte sich durch diese Aktion von Holger überrumpelt, sah sich spontan nicht imstande „nein“ zu sagen und war geradezu entsetzt, als er nach dem Tete-à-Tete noch kurz die ihm fremde wasserstoffblonde, kleine, aber busenüppige Frau erblickte. Da erlebte Gero zum ersten Mal deutlich, was Fremdschämen bedeutet. Sein Bruder war da in seinem triebgesteuerten Handeln offensichtlich schmerzfrei und hatte ihn zu allem Überfluss zum Mitwisser seines Fremdgehens gemacht, und es schien ihm auch nach dem vollzogenen Akt keineswegs peinlich zu sein. Gero glaubt sogar angesichts einer weiteren Trophäe bei seinem „Eroberungszug“ einen gewissen Stolz in Holgers Miene erkannt zu haben. Nur folgerichtig, dass es nach diversen weiteren Eskapaden schon bald zu einer ersten Scheidung von Kirsten kam, der jedoch zu Geros großer Verwunderung nach wenigen Jahren eine Wiederheirat folgte. Die zweite eheliche Phase sollte jedoch ebenfalls nicht lange halten. Die erneute und endgültige Trennung durfte Gero später dann auch noch hautnah miterleben; sie fand ausgerechnet wieder in der Himmelgeister Straße ganz in der Nähe des gemeinsamen Elternhauses statt, war derart peinlich, dass sie hinreichend Anlass für Fremdschämen bot.

Im Jahr 1980 begann Holger bei einer neu zu gründenden Firma in Düsseldorf und zog vorübergehend in Geros Etagenwohnung - ebenfalls in der Himmelgeister Straße - ein. Oberhalb der zweiten Etage gab noch ein winziges separates Mansardenzimmer, in das er sich einquartierte, bis er eine passende Wohnung fand, in die dann auch seine Frau Kirsten und sein Sohn Kai einziehen sollten. Für seine Münchener Firma suchte er neue Geschäftsräume und fand sie im Stadtteil Oberbilk; dort fand er aber auch, sein Jagdinstinkt war auch im Rheinland fernab vom Bayerischen Schützenverein ungebrochen, eine neue Geliebte namens Petra. Diese Affäre war ausgesprochen günstig für ihn, so konnte er nun in deren größerer und komfortablerer Wohnung übernachten. Inzwischen hatte er auch für seine Familie eine Wohnung in der ersten Etage eines Nachbarhauses in der Himmelgeister Straße angemietet, ausgerechnet bei einer streng katholischen Familie, der das „Treiben" der geschiedenen Eltern von Holger und Gero schon immer ein Dorn im Auge gewesen war. Gero sah das Unheil heraufziehen, denn der Termin des Umzugs rückte immer näher, und Holger unternahm keinerlei Schritte, um es aufzuhalten. So kam es, wie es kommen musste – und zwar ungebremst.

Kirsten und Kai waren angereist, nahmen die neue Wohnung in Augenschein, der Möbelwagen stand vor der Tür – und Holger kam, da beruflich etwas aufgehalten, etwas verspätet in die Wohnung, aber nur, um sich endgültig zu verabschieden und Kirsten mitzuteilen, dass nun endgültig Schluss sei. Für dieses unverfrorene, ja schäbige Verhalten seines Bruders hatte Gero nun wirklich kein Verständnis mehr. Holger zog sich mal wieder aus der Affäre, quartierte sich nun ganz in Petras Wohnung ein und setzte die Aufbauarbeiten seiner Firma in Düsseldorf fort, bis Petra ihn plötzlich, quasi aus heiterem Himmel, vor die Tür setzte. Das geschah, nachdem Kirsten Mut gefasst hatte, mit ihr telefonisch Kontakt aufzunehmen, um ihr reinen Wein einzuschenken, das heißt den wahren Sachverhalt der Trennung von Holger bzw. Holgers Trennung von ihr geschildert hatte. Holger hatte ihr wohl eine gänzlich andere Geschichte, eine für ihn vorteilhaftere Version erzählt. Nach dieser für Holger unerwarteten Beendigung einer Beziehung folgte schnell eine erneute beruflich Umorientierung, indem er das Angebot einer ihm schon bekannten Münchener Firma annahm und sich so wieder einmal in seine neue Heimat Bayern absetzen konnte. Das war ihm schließlich immer gelungen, auch in schwierigen Situationen, sich voll und ganz in berufliche Dinge zu stürzen. Im Gegenzug kümmerten sich Gero und seine damalige Freundin Ilse um Kirsten, um ihr den Einstieg in ein Leben in Düsseldorf, das sie so gar nicht gewollt hatte, zu erleichtern. Sie war noch jung genug, um als ehemalige Bankangestellte auch hier einen neuen Job zu finden; zudem sah sie mit ihrer hochgewachsenen Figur und dem flotten Kurzhaarschnitt nach wie vor sehr attraktiv aus, so dass Ilse und Gero sicher sein konnten, dass sie hier neue Freundschaften schließen könne. Sie luden sie auch zu Treffen und Partys ein.

Nach wenigen Wochen kam es jedoch zu einer überstürzten Verzweiflungstat. Über eine Partnerschaftsanzeige in einer Düsseldorfer Zeitung lernte sie Erwin kennen, der Pächter einer Imbissbude war. Und bereits wenige Monate später stürzte sie sich völlig überraschend in eine neues „Eheabenteuer". Kirsten forcierte diese rasche Entscheidung, war froh über diesen Schritt in eine neue Beziehung, setzte also auch unverzüglich ihren Ex-Mann Holger stolz davon in Kenntnis. Der fiel bei der Mitteilung erst mal aus allen Wolken, damit hatte er nicht gerechnet. Von der neuen Ehe versprach sie sich, eine lang vermisste Sicherheit und neue Geborgenheit wiederzugewinnen. Nur leider stand diese Ehe von Anbeginn unter keinem besonders günstigen Stern. Kirsten unterstützte ihren neuen Mann tatkräftig bei diversen Geschäftsideen (u.a. ein Imbiss und ein nachhaltiger Windelverleih), doch all ihre Projekte scheiterten früher oder später. Erwin hatte selber mit einer starken motorischen Behinderung (sprich einem sog. Raucherbein) zu kämpfen und wurde im Verlaufe der Jahre vor allem nach einer Beinamputation zunehmend in seiner Mobilität eingeschränkt, so dass er später auf einen Rollstuhl angewiesen war. Nach einem darauf folgenden Herzinfarkt wurde er schließlich zu einem Pflegefall, der Kirsten als einziger Betreuerin alles abverlangte. Erschwerend kam aufgrund von Schuldentilgungen eine arg angespannte Finanzsituation hinzu.

Um diese tragische Geschichte abzukürzen: Kirsten haderte immer mehr mit ihrem Schicksal, suchte verstärkt Trost im Alkohol und machte rückwirkend ihren Ex-Mann Holger für ihr ganzes Elend, ihren insgesamt verpfuschten Lebensweg verantwortlich. Sie rief häufiger auch Gero an, um ihm ihre ausweglose Situation zu schildern und dabei seinem Bruder als dem Hauptschuldigen heftige Vorwürfe zu machen. Gero merkte bei den letzten Telefonaten, wie sehr sie da bereits Artikulationsprobleme hatte; mit anderen Worten: nach starkem Alkoholkonsum lallte sie nur noch. Ihrem Sohn Kai gegenüber, Geros Patenkind, der bereits nach dem Eklat beim Umzug nach Düsseldorf in den frühen 1980er Jahren wieder zu seinem angestammten Lebensmittelpunkt nach München bzw. später Landsberg gezogen war, konnte sie lange Zeit ihren Zustand verheimlichen. Doch als Erwins Sohn bei Kai anrief und ihm mitteilte, er habe ja keine Ahnung, was da inzwischen in der Wohnung abliefe. Er nannte Kirsten gar eine „Vollblutalkoholikerin", da war nun auch Kai als längst erwachsener Sohn aufgerufen, sich stärker um seine Mutter zu kümmern. Eine Idee war, dass sie aus dieser belastenden Situation herauskommen müsse, indem sie vielleicht auch zu einer ihrer Schwestern in ihre Heimatstadt Kiel ziehen solle, denn Düsseldorf sei ihr längst „zuwider geworden". Doch dazu sollte es nicht mehr kommen. Nachdem Kai seine Mutter bei einem überraschenden Besuch in ihrem Alltagsritual „neben der Spur" erlebte hatte, sie lebte bereits so sehr in ihrer Traumwelt, dass sie sogar ihren Sohn an der Tür nicht wiedererkannte. Wenige Tage nach ihrem Geburtstag am 21.6.2013, als eine gewisse Normalität einzukehren schien, nahm Kirsten die Sache selbst in die Hand: Sie verübte Selbstmord, indem sie sich in stark alkoholisiertem Zustand eine Plastiktüte über den Kopf stülpte, diese derart fest zuband, dass sie nach heftigem Todeskampf erstickte.

Erwin fand sie am nächsten Morgen leblos auf der Couch – mit Kopfhörern auf den Ohren, wahrscheinlich ist sie mit den rockigen Shanties ihrer Lieblingsband Santiano ins Jenseits getanzt... Im Stück „Die letzte Fahrt" wurden ihre Sehnsüchte wohl erhört: „(...) Hinein ins Licht / Dein Tag vergeht / Dein Leben bleibt / Nimm unsern Abschied zum Geleit / Dein Weg mit uns er endet nicht / Dein Herz wird frei (...)".

Die traurige Nachricht von Kirstens Freitod erhielt Gero übrigens durch einen Anruf von seiner alten Freundin Ilse, denn Erwin hatte diese Telefonnummer in Kirstens Notizbuch gefunden und sie gleich über ihren Tod informiert. Ilse wusste zunächst nicht viel mit dieser Nachricht anzufangen, bis sie mit Gero gesprochen hatte und da erst erfuhr, um wen es sich bei dem Anrufer handelte. An Kirstens Beerdigung in der Kapelle des Stoffeler Friedhofs hat Gero dann quasi stellvertretend für seinen Bruder Holger teilgenommen. Dieser sah zu einer Teilnahme am letzten Geleit keinerlei Veranlassung, hatte er sich doch zuvor noch heftig darüber aufgeregt, dass er wenige Tage vor Kirstens Freitod einen Karton mit einer Fülle von Fotos aus glücklicheren Familientagen erhalten hatte, was bei ihm und seiner neuen Ehefrau wohl auf völliges Unverständnis gestoßen ist.

Und wie ist es Holger nach der zweiten Scheidung ergangen? Kurzum: wesentlich besser. Er ist fraglos ein Mann geblieben, der die Frauen liebte und nach wie vor deren Anerkennung suchte. Mit zweien hat er dann auch jeweils eine längere Zeit zusammengewohnt, doch mit denen lebte er sich auch schnell wieder auseinander. Von einer namens Anne, mit der er auch einige Jahre verheiratet war, erfuhr Gero einmal in einem vertraulichen Vier-Augen-Gespräch, dass Holger zu tieferen Gesprächen nicht imstande und willens sei und er ihre neu erwachte Lernbegierde, ihren beruflichen Aufstiegswillen, nicht ernst genug nähme. Nach einer ersten intensiven Phase, in der beide stilvolle Antiquitäten für ihre gemeinsame Wohnung im Münchener Stadtteil Harlaching suchten und fanden, verließ Anne seinen Bruder Holger, um eigenständig ihr Glück in Portugal zu finden. Holgers Trennungsschmerz hielt sich in Grenzen, eine jüngere blonde Tennisfreundin tauchte da bereits am Horizont bzw. in Sichtweite auf und sorgte schon schnell für Trost und Ablenkung.

Holgers lapidarer Kommentar zu seinem damals folgenden Singledasein in den 1990er Jahren lautet bezeichnenderweise: In dieser frauenlosen Zeit hatte ich beruflich den größten Erfolg. Im Jahr 2002 hatte er tatsächlich noch das späte Glück, eine zu ihm passende Frau kennenzulernen, und zwar auf eine typisch bayerische Weise, nämlich beim Oktoberfest, also „auf der Wiesn". Selinde war elf Jahre jünger, schlanke Figur und blonde gepflegte Frisur, sie war schließlich Friseurin und hatte sich vor Kurzem von ihrem langjährigen Partner getrennt. Sie legte überhaupt großen Wert auf Äußeres. Von ihrem Erscheinungsbild und in ihrer ganzen eher unbekümmerten und optimistischen Art passte sie bestens zu Holger. „Passte" deshalb, weil sie nach längerer schwerer Krankheit im November 2021 gestorben ist. Zu Geros Verblüffung hat Holger sich bis zuletzt intensiv um seinen „Schatz" gekümmert und jahrelang aufopferungsvoll Betreuungsaufgaben übernommen. Hier ist übrigens eine Parallelität zu Kirstens letzter Beziehung erkennbar, nur sozusagen mit umgekehrten Vorzeichen. Was bei Kirsten gefühlsmäßig negativ besetzt war, empfand Holger positiv. Dieser hatte sich seine letzte Lebensphase sicherlich ganz anders vorgestellt; Selinde war nach seiner eigener Aussage in den letzten zwanzig Jahren „sein ruhender Pol" und ist leider zu früh „von uns gegangen". Auf Holgers Situation trifft übrigens ein Satz von Marie von Ebner-Eschenbach bestens zu: „Die Menschen, denen wir eine Stütze sind, die geben uns den Halt im Leben." Am Ende bleibt eine traurige, aber wahre Erkenntnis: Wozu Holger in der Beziehung zu seiner ersten Frau Kirsten nicht imstande und bereit war, dazu war er erst in seiner späteren Lebensphase mit Selinde fähig und willens. Nun wird abzuwarten sein, wie er im hohen Alter von über 80 Jahren die für ihn unglückliche und völlig ungewohnte Lebenssituation als Witwer bewältigen wird.

Die vorigen Zeilen mögen auch die Unterschiede zwischen den beiden Brüdern etwas beleuchtet und geschärft haben. Sie waren von Kindesbeinen an sehr verschieden, ja mitunter konträr, äußerlich wie innerlich: Holger eher impulsiv, in jedem Falle wagemutiger und dadurch auch risikobereiter – Gero hingegen eher abwägend, vorsichtiger und dadurch auch strategisch geschickter, was so manches Mal ein mögliches Scheitern verhindert hat. Die Devise „no risk – no fun" passt eindeutig besser zu Holger. Er agierte oftmals schnell und ergebnisorientiert – Gero war und ist da eher zurückhaltend, mitunter gar zögerlich und wartet den Prozessverlauf ab; Holger ist in dieser Beziehung vor allem der Zupackende und Handelnde – Gero der Nachdenkliche und Beobachtende. So verliefen auch ihre beruflichen Wege gänzlich anders: Holger meldete sich mit 18 Jahren freiwillig zur Marine und ergriff danach einen handwerklich-technischen Beruf – Gero verweigerte nach der widerwillig abgeleisteten Wehrpflicht den Kriegs- bzw. Wehrdienst, er studierte danach Geisteswissenschaften und war danach rund drei Jahrzehnte im Bildungs- und Kulturbereich tätig. Auch in der sprachlichen Ausdrucksweise sind deutliche Unterschiede auszumachen: Holger benutzt eher deftigere Worte, lacht gern über kernige Witze; kurzum redet so, wie ihm der Schnabel gewachsen ist – Gero bevorzugt demgegenüber eher eine feinere, nuancenreichere Sprache.

Bemerkenswert ist auch dieser Unterschied: Gero ist im wahrsten Sinne des Wortes bodenständig geblieben, man könnte auch sagen wenig flexibel; Holgers Leben hingegen war zumeist, auch beruflich bedingt, unstet, was sich auch an den vielen Wohnorten, sprich

Lebensstationen deutlich ablesen lässt. Holger hat häufig seine beinah grenzenlose Anpassungsfähigkeit unter Beweis gestellt, dafür sprechen seine schnelle bayerische Sprachfärbung, das rasche Heimisch-werden in Bayern inklusive seiner Mitgliedschaft in Schützen- und Sportvereinen und nicht zuletzt die Vielzahl seiner Partnerinnen.

Von der Statur her war Holger immer schon der Größere und Kräftigere, so dass es nicht weiter verwundert, dass Gero als Kind im Lesealter bei der Oma Mathilde in Offenbach auf ein Märchen von Hans Christian Andersen stieß, das ihn außerordentlich packte. Es handelt sich um das grausame, ja brutale Märchen „Der kleine und der große Klaus". Diese Geschichte über den Kampf zwischen einem reichen, überlegenen und einem armen, unterlegenen Mann dürfte für Gero so etwas wie ein Schlüsselmärchen sein. Im Kern geht es darum, dass der Kleinere den Größeren und Stärkeren immer wieder austrickst und so seine körperliche Unterlegenheit mehr als wett macht. Und die Moral von der Geschichte? Am Ende gewinnt der Kleinere dank seines Glücks und seiner Cleverness. Der Große und Mächtigere verliert, weil seine Habgier stärker ist als seine Vernunft. Vielleicht hat diese willkommene und tröstliche Botschaft ja unbewusst Geros Lebenseinstellung beeinflusst und seinen weiteren Lebensweg begleitet. Möglicherweise steckt darin sogar etwas Sinnbildliches für ihr brüderliche Verhältnis.

Im Rückblick auf die Geschwisterrolle ist für Gero nur allzu verständlich, dass er als der jüngere der beiden Brüder, um eigene Wege gehen zu können, nicht in die größeren Fußstapfen seines älteren Bruders gehen konnte und wollte. Dieser Erklärungsansatz trifft in vielerlei Hinsicht zu, beispielsweise auf die Einstellung zum schulischen Lernen, auf die individuellen Schwerpunkte bei den sportlichen Aktivitäten und nicht zuletzt den beruflichen Werdegang. Gero kam in jedem Fall der Vorteil des Zweitgeborenen zugute: Aus den Fehlern, die der ältere Bruder machte, durfte und konnte er lernen, um sie selber später zu vermeiden. Was die emotionale Fundierung betrifft, da war Gero als Nachkriegskind im Vorteil, er genoss von Kindesbeinen an die Beziehung zur Ersatzoma, seiner Frau Junker. Nach der Scheidung der Eltern, als die Mutter das Haus verließ, gab es für Gero die kurze, aber intime Phase mit seinem Vater. Holger, der mitten im Krieg geboren wurde, musste viele Bombennächte im Luftschutzkeller miterleben; das hat sicherlich auch Spuren im „Gefühlshaushalt" hinterlassen. Holger weiß bis heute von einer Szene zu berichten, in der ihn die Mutter bei den Hausaufgaben beaufsichtigt hat und ihm den Griffel in den Nacken geschlagen hat, weil dieser sich mit seiner rechten Hand samt Griffel vor dem Nackenschlag schützen wollte. Auch diese Situation mag zu Holgers Traumatisierung und emotionaler Deprivation beigetragen haben.

Im Umgang mit dem weiblichen Geschlecht haben wohl beide auch mit der väterlichen Prägung durch den „charmanten Balthasar" zu „kämpfen" gehabt: Holger trat eher ungebremst das Erbe der „Vielweiberei" an – Gero rang lange um die ihm gemäße Rolle in den Beziehungen zu Frauen; da war er im Unterschied zu Holger, was seine Haltung zur Ehe betrifft, sehr reserviert, nein sogar ablehnend eingestellt. Den erotisch-sexuellen Reizen so mancher Vertreterin des anderen Geschlechts konnte / wollte auch er nicht widerstehen. Er war da sicherlich kein „Waisenknabe", und in der sog. tentativen Phase seines jungen Erwachsenenalters, in der Phase des geschlechtlichen Erkundens und Ausprobierens, liebäugelte er zeitweilig mit einer Einstellung, die heute als polyamorös bezeichnet wird. Sehr speziell und wohl auch nicht ganz ernst gemeint ist ein handgeschriebener Eintrag von Gero in einem seiner Taschenkalender aus den 1970er Jahren; darin ist dieser ungewöhnliche, mahnende Ratschlag zu lesen: „Vor dem Treffen mit einer neuen attraktiven Frau solltest du dich vorher erst mal selbstbefriedigen, das erleichtert dir den Umgang mit ihr." Es dauerte bei ihm bekanntermaßen sehr lange, bis er Mitte der 1980er Jahre einer außergewöhnlichen Liebe begegnete, die bis auf den heutigen Tag auch zur lieben Gewohnheit taugt.

Die Beziehung zu seinem jüngeren Bruder sei nach Meinung Holgers erst in den letzten Jahren, seit er mit Selinde zusammenlebte, besser geworden, das heißt im Klartext: Es finden seitdem regelmäßiger Gespräche am Telefon statt - und nicht nur an den Geburtstagen und Feiertagen wie Ostern, Weihnachten oder Neujahr. Erstaunlicherweise stört den älteren Bruder nicht, dass es sich in den Gesprächen, wenn es nicht um akute Erkrankungen geht, zumeist um triviale Fußballspiele und -resultate handelt: bezeichnenderweise auf der einen Seite das von Holger favorisierte Staraufgebot des FC Bayern, auf der anderen Seite der von Gero emotional begünstigte Außenseiter, die Spielvereinigung aus Fürth, auch als „die Kleeblätter" bezeichnet. Aus der Sicht Geros gibt es in der brüderlichen Kommunikation inhaltlich noch erheblichen Verbesserungsbedarf. Viel Zeit bleibt beiden nicht mehr.

13) Erstes Lehrgeld als Autofahrer

Als Gero seinen Wehrdienst in Lüneburg ableisten musste, hatte er neben seinen Dienstzeiten eine Menge freier Zeit. Und die hat er dann im Winter 1965/66 genutzt, um privat seinen Führerschein zu machen. Das hat dann auch nach 13 Fahrstunden geklappt. Die Kosten lagen damals bei rund 300 DM, die er von seinem Wehrsold bestritt. Erschwerend in dieser Fahrschulzeit war, dass er erstens im Unterschied zu vielen Fahrschülern keinerlei Vorerfahrungen im Steuern eines Automobils mitbrachte und dass er zweitens wochenlang mit schneebedeckten, glattgefahrenen und vereisten Straßen zu kämpfen hatte. Es war seinerzeit ein langer und schneereicher Winter in Norddeutschland. Immerhin hat sich dies später ausgezahlt, so dass er auch zuhause besser mit solchen winterlichen Straßenverhältnissen klarkam und wusste, dass man dann am besten mit dem 2. Gang anfährt und auf keinen Fall zu abrupt in die Bremsen tritt. Das Autofahren gelernt hat er mit einem kleinen 3-er Modell der Marke Peugeot, das über eine Lenkradschaltung verfügte; es handelte sich um einen kleinen, dünnen Hebel rechts an der Lenkradsäule, den er den Gängen entsprechend wie ein filigranes asiatisches Essstäbchen gleichermaßen fingerfertig wie vorsichtig hin und her bewegen musste. Da seine Feinmotorik nicht nur an den unteren Gliedmaßen gut ausgebildet war, ist ihm das auch zur vollen Zufriedenheit des blassen und wortkargen Fahrlehrers gelungen.

Seine ersten Fahrerfahrungen nach der bestandenen Fahrprüfung machte er später zunächst mit dem Auto seiner Mutter, einem blauen Opel Kadett-Caravan, den sie für ihre geschäftlichen Transporte brauchte, bevor er sich nach einigen Monaten ein eigenes Auto anschaffte, einen gebrauchten weißen Simca 1000.

Das erste ernsthafte Missgeschick beim Autofahren erlebte er, als er nach einem Altstadtbesuch mit seinen engsten Fußballkumpanen nach Mitternacht nach Hause fuhr, um den Wagen in der Garage seiner Mutter zu parken. Es war eine tieferliegende Garage mit einer steilen Auf- und Abfahrt und befand sich im Kellergeschoss eines Nachbarhauses auf der Himmelgeister Straße. Nach dem Fußballtraining und dem anschließenden Altstadtbummel, besser gesagt einem Zug durch verschiedene Kneipen, war Gero in bester Stimmung, die durch laute Musik aus seinem Philips-Kassettenrecorder auf dem Beifahrersitz noch erheblich gesteigert wurde. Zudem hocherfreut, ohne Polizeikontrolle an sein Ziel gelangt zu sein, fuhr er den Opel schwungvoll, sozusagen mit Schmackes auf den Bürgersteig oberhalb der Garagenzufahrt und bremste erst ab, als die Vorderräder ein Stück jenseits der Kante der steilen Abfahrt zum Stehen kamen. Er warf die Fahrertür auf, sprang beschwingt aus dem Auto und eilte hinunter zum Garagentor, als er aus dem Augenwinkel sah, dass sich etwas in Bewegung setzte und die Abfahrt hinunterrollte. Seine Reaktion reichte noch so gerade aus, um zur Seite zu springen und in seiner Not zu versuchen, den Wagen irgendwie zu stoppen, indem er sich an den Griff der Fahrertür klammerte. Doch vergeblich: Was dann passierte, hätte ein Augenzeuge für eine Slapstick-Nummer gehalten. Gero samt Auto liefen im Gleichschritt die Abfahrt hinunter, rammten und durchbrachen mit dem vorderen Kotflügel zuerst das hölzerne Garagentor, das mit großem Getöse in sich zusammenfiel; beide kamen erst am Ende der Garage zu einem plötzlichen, aber etwas abgepufferten Halt. Denn an der hinteren Wand stand ein alter Küchenschrank mit vielen kleinen Glasfenstern, und dieses alte, ausrangierte Möbelstück stoppte das aufprallende Fahrzeug zum Glück weniger massiv als die Wand aus Beton dahinter. Dennoch das Geräusch in der ansonsten stillen Nacht kam Gero ohrenbetäubend vor. Mit einem Mal war Gero wieder nüchtern. Er sah die gebrochenen Holzteile und die Glassplitter sowohl vom Schrank als auch von den Scheinwerfern des Autos. Nach dem Höllenlärm war er erst einmal überrascht und heilfroh, dass es keinen der schlafenden Bewohner/innen in den Wohnungen des Hauses darüber aufgeschreckt hatte. Zwar ernüchtert, aber jetzt auch ermüdet nach der vergeblichen Rettungsaktion, richtete er die Falttüren des Garagentores notdürftig wieder auf, so dass die Garage von außen wieder wie normal verschlossen aussah. Da Gero jetzt ohnehin nichts mehr tun konnte, die Mutter hatte ja einen Zweitschlüssel, begab er sich in sein Zimmer im Vaterhaus, um den Rausch auszuschlafen – mit dem dumpfen und zugleich wohligen Gefühl: Das hätte viel schlimmer für ihn ausgehen können.

Als er am nächsten Tag zu späterer Frühstückszeit seine Mutter im Laden aufsuchte, durchaus schuldbewusst, war der Empfang – wen wundert`s - arg unterkühlt. So hatte er seine Mutter noch nicht erlebt. Sie war natürlich aus allen Wolken gefallen, als sie früh um sechs zur Garage kam, um das Tor mit dem Schlüssel zu öffnen; doch dieses Mal brauchte sie den Schlüssel gar nicht, ein sachtes Berühren des Schlosses genügte, und das gesamte Tor fiel in sich zusammen und auf den Boden. Nach diesem Schreck am frühen Morgen erblickte sie das ganze Malheur. Aber seine Mutter, die schon vieles erlebt hatte, setzte den Wagen, der ja fahrtüchtig war, aus der Garage und fuhr mit den defekten Scheinwerfern zum Großmarkt, um dort wie gewohnt an Werktagen Gemüse und Obst für den Laden zu holen. Zwei Dinge stehen seitdem für Gero fest: erstens wäre sein Vater niemals so gelassen mit dieser Situation umgegangen. Er hätte den Sohn noch in aller Herrgottsfrühe aus dem Schlaf gerissen, um ihn zur Rechenschaft zu ziehen und einer gerechten Strafe zuzuführen. Zweitens hat Gero gelernt, wie wichtig eine Handbremse sein kann. Bemerkenswert ist noch, dass sich seine Mutter und Gero später noch des Öfteren über diese Szene gemeinsam amüsiert haben.

Übrigens was das erste eigene Auto anbelangt, so war es ein totaler Reinfall; hätte er sich doch bloß von einem Autokenner beraten lassen. Denn der kleine Gebrauchtwagen, ein weißer Simca 1000, entpuppte sich schon bald als notdürftig kaschierte Rostlaube. Zudem verlor der Wagen so viel Öl, dass Gero bei jedem Tanken wieder mindestens einen Liter einfüllen musste. Da half auch ein eigener Verschönerungsakt an der Karosserie nicht viel: rundum schnittige schwarze Seitenstreifen an den Türen. Ein Mitspieler aus seiner Fußballmannschaft nannte sie beim ersten Anblick herablassend „Roststreifen“. Immerhin ist Gero mit seinem ersten Auto unfallfrei geblieben.

14) Es menschelt oder das „Stachelschwein-Dilemma“

Im Jahr 1988 wurde Gero auf Vorschlag der VHS-Leiterin vom obersten politischen Gremium, der VHS-Verbandsversammlung, zum stellvertretenden Leiter ernannt. Das hatte als erfreulichen Nebeneffekt auch eine Anhebung seiner Besoldungsstufe zur Folge. Kleine Randnotiz: Gero sah in dieser Beförderung übrigens eher eine Degradierung und Abstrafung des bisherigen Vertreters, mit dem die Chefin schon seit Jahren im Clinch lag, als eine folgerichtige Anerkennung und Würdigung seiner Arbeitsleistungen. Frau Kroke hatte er inzwischen als recht dominante Person kennengelernt, die ihre Machtposition gern ausspielte, indem sie den einen ab-, den anderen aufwertete. Die maßgeblichen Prinzipien für ihr Handeln bezogen sich auf das berühmt-berüchtigte Teilen und Herrschen. Parallel verstand sie es, nach Gusto einerseits Zuckerbrot zu verteilen und andererseits zur Peitsche zu greifen. Nach den überaus schlechten Erfahrungen mit Geros widerspenstigem Vorgänger, Herrn Ruppel, der ihre Stellung nachweislich untergraben hatte, war ihr Sinnen und Trachten wahrscheinlich noch stärker auf die Wahrung bzw. die weitere Stabilisierung ihrer uneingeschränkten Herrschaft ausgerichtet. Ein anderer bildhafter Vergleich liegt ebenfalls nahe: Sie fühlt sich als die Mutter, und alle Belegschaftsmitglieder sind ihre Kinder, die VHS dient ihr sozusagen als Familienersatz. Brave, folgsame Kinder werden gelobt und gefördert; böse, widerborstige Kinder werden bestraft. Und wehe, eine/r stellt die Position der erziehungsberechtigten Mutter in Frage. In den ersten Monaten durfte Gero als weitgehend pflegeleichter Novize überwiegend die charmante, gewinnende Seite von „Mutter Elvira“ kennenlernen. Doch das sollte sich schon bald ändern, spätestens dann, als er eigensinniger wurde und schon mal Widerworte gab. Ab diesem Zeitpunkt wurde ihm klar vor Augen geführt, wie schnell es abwärts gehen kann: heute noch auf sicherem, betreutem Dienstweg, morgen bereits auf der abschüssigen Verliererstraße.

Nach Geros Ernennung zum stellvertretenden Leiter verwunderte ihn die Aussage eines führenden SPD-Kommunalpolitikers, der ihn bei einem zufälligen Treffen in der Haupteinkaufsstraße darauf hinwies, dass er die Beförderung den Stimmen der SPD-Fraktion zu verdanken habe. Überrascht erwiderte Gero, politisch unschuldig wie er war, er habe geglaubt, dies sei seiner bisher geleisteten Arbeit zu verdanken. Der Politiker nickte da zwar kurz, ging dann aber schnell wortlos weiter. Gero ist bis ans Ende seiner Dienstjahre parteilos geblieben, allerdings auch auf der gleichen Besoldungsstufe. Randbemerkung eines Aphoristikers: *Wer Karriere machen will, muss sich auch vor einen Karren spannen lassen.*

Mit seinem neuen Amt wurde Geros Stellung innerhalb der Einrichtung keineswegs leichter. Nun galt er bei einigen als der verlängerte Arm der nicht von allen geschätzten Leiterin. Im Hinblick auf die Arbeit einer VHS kam es zunehmend zu Meinungsverschiedenheiten, die im Einzelfall zu einer Androhung von disziplinarischen Maßnahmen führten. Frau Krokes Lieblingsmethode bestand darin, mit dem Zaunpfahl des Dienstwegs zu winken. Sie fühlte sich insbesondere für die „Bordsteinsteuerung“, eines ihrer Lieblingsbegriffe, verantwortlich. Sie nahm, wie selbstverständlich, willkürliche Änderungen an seiner Programmplanung vor, strich eigenmächtig schon konkret von Gero geplante Veranstaltungen, die ihr persönlich nicht in den Kram passten. Als sie ihm zu allem Überfluss auch noch den arbeitsintensiven Fachbereich der Schulabschlüsse zuschustern wollte, machte Gero ihr gegenüber klar, dass er nicht länger gewillt sei, solche Eingriffe hinzunehmen. Um das zu untermauern, legte er noch schriftlich begründeten Widerspruch gegen die geplante Maßnahme ein, er *remonstrierte* also, wie es das Beamtenrecht vorsieht und wozu ihm der wohlgesonnene Verwaltungsleiter, Friedrich Bergmann, geraten hatte. In dieser Situation wusste sich Elvira Kroke nicht mehr anders zu helfen, als Gero beim obersten Chef, dem allseits gefürchteten Stadtdirektor, anzuschwärzen und dessen disziplinarischen Beistand einzuholen.

So kam es auf dem Dienstweg zu einer ersten Begegnung mit Dr. Würges, der Spitze der gesamten Stadtverwaltung. Dieser thronte im Rathaus auf seinem imposanten Chefsessel hinter einem mächtigen Schreibtisch aus Volleiche, der für Geros Begriffe übersichtlich wie penibel geordnet aussah. Da Dr. Würges Pfeife rauchte, konnte Gero dessen Gesichtszüge vor lauter Nebelschwaden kaum erkennen, selbst dann nicht, als er auf einem Bürostuhl in gebührendem Abstand vor dem monströsen Schreibtisch Platz nehmen durfte. Von dort musste er seinen Blick strikt nach oben, geradezu himmelwärts richten, um das Antlitz des Stadtdirektors überhaupt sichten zu können, es war dennoch während des gesamten Gesprächs nur schemenhaft zu erahnen. - „Sie wissen ja, … weshalb Sie … heute hier sind", eröffnete er das Gespräch, während er zwischendrin immer wieder längere Sprechpausen (…) einlegte, einlegen musste, da er ja weiterhin genüsslich Pfeife rauchte und sie zu diesem Zwecke nicht ausgehen lassen durfte. Gero kam sich fast wie auf der Kirmes vor, da es im Raum nach gebrannten Mandeln duftete. Ohne weitere Worte schob der Stadtdirektor - in seiner leger schmauchenden Manier - ein Blatt Papier zu ihm rüber, das er offensichtlich erst mal lesen sollte. Darauf stand das Gleichnis von Arthur Schopenhauer über die Stachelschweine, das hier in Auszügen wiedergegeben wird:

An einem kalten Wintertag drängten sich einige Stachelschweine ziemlich eng zusammen, um durch ihre gegenseitige Wärme zu verhindern, dass sie gefroren werden. Aber sie spürten bald die Wirkung ihrer Federkiele aufeinander, was sie wieder auseinander bewegen ließ. Als das Bedürfnis nach Wärme sie wieder zusammenbrachte, wiederholte sich der Nachteil der Federkiele, so dass sie zwischen zwei Übel geworfen wurden, bis sie die richtige Entfernung entdeckt hatten, aus der sie einander am besten tolerieren konnten.(…) Die mittlere Distanz, die sie schließlich entdecken und die es ihnen ermöglicht, zusammen zu sein, ist Höflichkeit und gute Manieren.(...)

Nachdem Gero den Text der Parabel zu Ende gelesen hatte, hörte er aus dem dunstigen Jenseits von seinem höhergestellten Gegenüber diese besänftigenden Sätze: „Wissen Sie, ... zwischen der Bürgermeisterin ... und mir ... menschelt es manchmal auch, wir sind halt auch ... nicht immer ... einer Meinung. Aber wir ... haben gelernt, ... damit zurecht zu kommen ... und den nötigen Abstand ... zu wahren. Ich ... für meinen Teil ... habe auch lernen müssen, ... eine Frau ... als Chefin ... zu akzeptieren ..." Die immer wieder im gleichen Rhythmus ausgestoßenen Rauchwölkchen benebelten langsam Geros Hirn. Ihm wurde es im Brustkorb immer enger; sein Wahrnehmungsvermögen schwand von Minute zu Minute mehr, also nickte er wiederholt, um zu signalisieren, dass er wohl wisse, was der Stadtdirektor meine und mit dem „Stachelschwein-Dilemma" bezwecke. Dr. Würges hatte jetzt endlich ein Einsehen mit seinem einsichtigen Untergebenen, war sichtlich stolz auf seine wohldurchdachte gleichermaßen intelligente wie psychologisch geschickte Vorgehensweise und entließ ihn, ohne sein unentbehrliches Instrument, seine Pfeife zu vernachlässigen, mit den wohlmeinenden Worten: „Und denken Sie, ... wenn´s bei Ihnen ... in der VHS ... mal wieder menschelt, ... an die Stachelschweine."

Als Gero das holzvertäfelte Zimmer verließ, folgte ihm noch ein süßliches Schmauchwölkchen. Beide hätten es beinah auch durch den unteren Spalt der geschlossenen und gepolsterten Tür geschafft, so geschrumpft kam sich Gero vor. Draußen vor dem Rathaus, es war Mittagszeit kurz vor 12 Uhr, atmete er mal kurz durch und schlug erleichtert den Weg zum nächstgelegenen Café ein, um sich dort nach diesem gewichtigen und fabelhaften philosophischen Lehrstück eine bekömmliche Tasse Kaffee und ein Mandelhörnchen zu gönnen. Danach konnte er mental wie physisch gestärkt wieder an die Bewältigung der zwischenmenschlichen Beziehungen am Arbeitsplatz gehen. Er verstand zwar die Botschaft des „Stachelschwein-Dilemmas“ im Allgemeinen, doch konkret fühlte er sich persönlich in seiner misslichen Lage nicht verstanden, sah sich zudem auch beim besten Willen nicht imstande, irgendeinen Nutzen für sich aus dieser „Moral von der Geschichte“ zu ziehen. Es blieb der bittere Nachgeschmack, dass ihm von höherer Stelle eine Lektion erteilt worden war – und das sogar mit literarischer Unterfütterung.

15) Zweierlei Beziehungswahn

Als Fachbereichsleiter einer Erwachsenenbildungseinrichtung wie der Volkshochschule hatte Gero naturgemäß oder zwangsläufig mit vielen Frauen zu tun. Denn rund 70% der Teilnehmenden und Kursleitenden sind weiblich. So ist nicht unbedingt verwunderlich, dass es hier sowohl zu positiven als auch zu negativen Begegnungen und Beziehungen kam. Schon früh in seiner Amtszeit erlebte er eine langwierige Stalking-Geschichte; sie erstreckte sich fast über ein ganzes Jahr. In den frühen 1980er Jahren kannte man diese Bezeichnung in Deutschland noch gar nicht. Das Phänomen kannte man schon, man nannte es nur anders, nämlich beharrliches Nachstellen, Verfolgen oder Belästigen einer Person. Der Begriff „Stalking" fand zuerst in den 1990er Jahren im englischsprachigen Raum Verbreitung. Das Wort „to stalk" kommt aus der Jägersprache und bedeutet „jagen, hetzen, heranpirschen". Gero wurde zweimal mit solchen „Jagdszenen" konfrontiert: Beim ersten Mal fühlte er sich gänzlich als unschuldig Verfolgter, im zweiten Fall als Opfer einer Frau, die unter so etwas wie Torschlusspanik litt. Sie konnte sich wohl nicht damit abfinden, dass ihr Beziehungswunsch oder gar Liebeswahn zurückgewiesen wurde. Was Geros Anteile an diesen obsessiven Verhaltensweisen betrifft, das möge der Leser, die Leserin entscheiden.

Er lernte Vera, die als Heilpraktikerin in der Nähe der VHS tätig war, während einer Berlin-Studienfahrt kennen. Er hatte diese politische Bildungswoche in Zusammenarbeit mit einem Berliner Studieninstitut geplant und war der verantwortliche Reiseleiter. Da sie die einzige Alleinreisende war, hatte er es als seine erwachsenenpädagogische Aufgabe angesehen, sich hier und da mal mehr um sie zu kümmern, vor allem dann, wenn die anderen Gruppenmitglieder vorzugsweise in Paaren unterwegs waren, um in eigener Regie Erkundigungen im Zentrum zu unternehmen. Diese Situation ergab sich an einem programmfreien Nachmittag. Als Gero sich aufmachte, eine Ausstellung auf der Museumsinsel zu besuchen, sah er Vera unschlüssig im Eingangsbereich des Instituts in Kreuzberg stehen, in dem die Gruppe untergebracht war. Andere Mitreisende hatten sich nach der Mittagspause schon paar- oder gruppenweise auf den Weg gemacht. In seiner Funktion als Leiter der Gruppe sprach er sie spontan an, ob sie auch auf dem Weg ins Zentrum sei. Als sie bejahte, erzählte er ihr von seinem Plan und schob die Frage nach, ob sie nicht auch Interesse hätte, diese Ausstellung zu besuchen. Sie stimmte sichtlich erfreut zu und schloss sich ihm an. Nach dem Ausstellungsbesuch auf der Museumsinsel kehrten sie nach der Rückfahrt mit der U-Bahn bis zum Cottbusser Tor noch in das Kreuzberger Ecklokal am Mariannenplatz ein, das direkt neben dem Institut lag. Dort fanden sich gegen Abend immer einige der Studienfahrt-Teilnehmer/innen ein, um dort „Bei Gisela" noch ein Original-Berliner-Bier zu trinken. Das hatte auch Gero vor, und Vera kam - wie selbstverständlich - mit. Man traf dort in der Tat auch andere aus der Gruppe und verbrachte noch einen geselligen Abend miteinander.

Obwohl Gero sich dieser Frau im Alter so um die Mitte dreißig herum in keiner erkennbaren Weise, aus seiner Sicht nicht einmal missverständlich, genähert hatte - sie war in seinen Augen eine eher unscheinbare Person - muss sie an seinem freundlichen, kommunikativen Verhalten etwas grundlegend fehlinterpretiert haben, denn nach der Berlin-Woche brach das Ärgernis vollends über Gero herein. Er hatte damals zwar schon von solchen Fällen der Nachstellung gehört; doch was sich ein Täter, in diesem Falle eine Täterin, so alles einfallen lässt, um die auserkorene Person, die sie in ihrer Traumwelt total idealisiert, in Wirklichkeit für sich zu interessieren und zu gewinnen, das sollte Gero dann fast ein Jahr lang erleben, phasenweise auch erleiden. Der Phantasie waren da keine Grenzen gesetzt. Zu den „Stalking-Handlungen" zählten seinerzeit zuerst die Ermittlung der Privatadresse und des Telefonanschlusses, dann ständig Telefonanrufe rund um die Uhr, Liebesbekundungen per Brief oder Geschenke in Form von Päckchen oder Paketen, und das mindestens einmal in der Woche. In einem der Briefe befanden sich Fotos der etwa zehnjährigen, lächelnden Tochter, versehen mit dem handschriftlichen Zusatz: „Ich wünsche mir so sehr einen Vater wie dich." Obwohl Gero telefonisch wie schriftlich mehrfach um eine Beendigung dieser lästigen Kontaktaufnahmen gebeten, ja gedrängt hatte, ging es nach gewissen Verschnaufpausen immer wieder los, und dann meist noch heftiger als vorher. Es war bisweilen der reinste Psychoterror. Gero verweigerte konsequent die Annahme von Briefen und Päckchen oder sandte sie umgehend zurück an die Absenderin. Erst als er per Einschreiben rechtliche Schritte angekündigt hatte, hörte diese nervige Verfolgungsjagd auf. Zu Geros großer Verblüffung, zugleich aber auch Erleichterung, erhielt er nur wenige Monate später ein allerletztes Schreiben von ihr. Es enthielt eine üppig gestaltete Heiratsanzeige. Vera hatte wohl doch noch ein Opfer gefunden.

Ähnlich gelagert und doch in der Ausführung gänzlich anders war die Episode mit einer schwäbischen Sportlehrerin, die am hiesigen Gymnasium gerade ihr Referendariat absolvierte und die Gero auf Empfehlung einer Kollegin als Dozentin in einem Gymnastikkurs eingesetzt hatte. Er fand Louisa beim Vorstellungsgespräch ausgesprochen nett, sie war sportlich und hatte eine aparte brünette Kurzhaarfrisur. Außerdem amüsierte ihn ihr unverkennbarer schwäbischer Akzent. Ungebunden, wie er sich zu der Zeit fühlte, ließ er sich darauf ein, sich mit ihr an einem der folgenden Tage in einem Düsseldorfer Lokal im Stadtteil Bilk zu treffen, denn sie lebte in einer Wohngemeinschaft ganz in der Nähe. Da auch dieser Abend gesprächsintensiv und entspannt verlief, er ihr viel über seine Heimatstadt erzählen konnte, in der sie noch nicht lange wohnte, ließ er sich auch zu ihrem 30. Geburtstag einladen, der wenige Tage später gefeiert wurde. Die Feier fand in ihrer Bilker Wohnung zusammen mit ihrer Mitbewohnerin statt und verlief mit vielen Gästen sehr ausgelassen. Gero hatte schon das eine oder andere Glas Alt getrunken, zählte zu den letzten Gästen und ließ sich später in Louisas Zimmer auf körperlichen Kontakt ein. Dabei wurde Gero durch ihre plötzlich entbrannte Leidenschaft und ihre voluminöse Oberweite überrascht, ja geradezu überwältigt. Solche Übergrößen waren von jeher nicht sein Ding. In dieser intimen Situation war allerdings schon so viel passiert, vor allem in Louisas Wahrnehmung, dass es Gero mit Bangen dämmerte, wie schwer es werden würde, aus dieser Gefühlsgemengelage wieder heil raus zu kommen. Am kommenden Tag beim Treffen beim Bilker Griechen um die Ecke hatte er sich vorgenommen, die Angelegenheit wieder „gerade zu biegen“: Er eröffnete ihr, dass es wohl nach der Feier „aus dem Ruder gelaufen sei“, er sei womöglich zu weit gegangen und nun wolle er ihre Beziehung auf ein rein freundschaftlich-dialogisches Maß zurückführen. Gero hatte seine Worte strategisch wohl überlegt, merkte jedoch zu seinem Unbehagen, dass das für Louisa so leicht nicht mehr in Frage käme. Sie erwiderte mehrfach, wie er das denn meine. Ab da saß Gero in einer Zwickmühle, in einem Dilemma, aus dem ihm auch das Gleichnis vom „Stachelschwein-Dilemma“ nicht weiterhelfen konnte.

Es kam dann noch zu einem Treffen in Geros Wohnung, das von ihm als abschließende Aussprache gedacht war, aber letztlich in eine handfeste Auseinandersetzung ausartete. Als Gero ihr zum wiederholten Male seine faktische Gefühlslage schilderte, die mehr als freundschaftliche Empfindungen nicht zuließ, verlor sie die Fassung, warf die Kaffeetassen, aus denen sie gerade getrunken hatten, unkontrolliert durch die Wohnung, so dass Gero noch Wochen später kleine Scherben und Splitter in den letzten Winkeln fand. Louisa ließ sich beim besten Willen nicht mehr beruhigen, schrie ihn an und rastete völlig aus. Gero blieb nichts anderes übrig, als sie zum einen mit beruhigenden Worten, zum anderen gleichzeitig unter Einsatz all seiner körperlichen Kräfte mit Mühe aus der Wohnungstür in der ersten Etage zu drängen und dann reaktionsschnell die Tür zuzuziehen, was glücklicherweise auch gelang. Doch vor der Tür tobte sie unvermindert weiter und betätigte die Klingel ohne Unterlass; Gero wusste sich angesichts der schrillen Töne nicht anders zu helfen, als den Klöppel der Schelle oberhalb der Wohnungstür mit Stofftüchern zu umwickeln. Außerdem sah er nach geraumer Zeit für sich keine andere Wahl, als ihr durch die Tür hindurch mit der Polizei zu drohen. Der Lärm im Treppenhaus war schließlich unüberhörbar. Gottseidank war die alte Vermieterin im Erdgeschoss schwerhörig, beinah schon taub. Endlich hörte die Klingelei auf, und er hörte Fußschritte auf den Treppenstufen sowie das Schlagen der Haustür. Vom Fenster aus beobachtete er, wie sie mit ihrem roten R 4 davon fuhr.

Seine Erleichterung hielt nicht lange an, denn nach ungefähr einer halben Stunde parkte ihr roter R 4 wieder vor dem Haus, direkt neben seinem Auto. Danach klingelte sie wieder Sturm, dieses Mal jedoch unten vor der Haustür stehend. Beim Wegräumen der Tassenscherben hatte Gero sich geschworen, sie auf keinen Fall mehr in die Wohnung zu lassen, sich überhaupt auf kein Gespräch mehr einzulassen. Diese Methode war schlussendlich von Erfolg gekrönt. Der Lärm des Klingeltons war immerhin durch die Stoffumwicklung der Schelle stark abgemildert und dadurch erträglich. Und tatsächlich, nach etwa einer Viertelstunde hörte das Klingeln ganz auf. Das bedeutete aber keineswegs Entwarnung. Louisas vehementer Auftritt war noch längst nicht vorbei. Von seinem Fenster in der ersten Etage sah er, wie sie ein Buch oder Heft aus ihrem Auto holte, sich anschließend Geros Auto zuwandte, nun Seite für Seite herausriss und die Papierschnipsel rundum auf die regennassen Scheiben pappte. Sie ging sorgfältig und gezielt vor, keine noch so kleine Autoscheibe wurde vergessen, selbst die Außenspiegel wurden verkleidet. Ein wahrhaft spektakuläres Schauspiel, das sich nicht nur Gero als Beobachter bot. Ein vorbeifahrender Radfahrer war derart fasziniert, dass er vergaß, nach vorne zu blicken, so sein Gleichgewicht verlor, ins Straucheln geriet und den nächsten Laternenpfahl rammte.

Nach Beendigung dieser imposanten, ja filmreifen Verhüllungsaktion brauste Louisa endlich mit ihrem Auto davon. Gero rannte schnell vors Haus, um die feuchten Papierschnipsel von den Scheiben seines PKW abzuziehen und einzusammeln. Dabei erkannte er, um welches Buch es sich handelte: genau den Bildband, den er ihr zum 30. Geburtstag geschenkt hatte. Die Papierkunstaktion wurde auch beim Abbau von passierenden Autofahrern und Radlern bestaunt. Gero hingegen war eher bedient. Gottlob wurde er in dieser Nacht und auch später nicht mehr vom Racheengel Louisa verfolgt. So manches Mal hat sich Gero danach schon gefragt, wie dieser Racheakt für ihn auch hätte anders enden können. So hat er diese eskalierende Affäre jedenfalls ohne physischen Schaden überstanden.

Mehrere Wochen später, Gero vertrat gerade seine abwesende Chefin, fand er in der Eingangspost einen Brief mit Louisas Absenderadresse. Wie gebannt öffnete er den Brief und las darin Zeilen, die ausdrücklich an die Leiterin, Frau Elvira Kroke, gerichtet waren und heftigste Anschuldigungen enthielten, die seine Person betrafen. Die Vorwürfe gipfelten darin, Gero habe sein Amt als Fachbereichsleiter gegenüber ihr als Dozentin schamlos ausgenutzt. Was wäre das für ein gefundenes Fressen für seine Chefin geworden! Nicht auszudenken, wie sie damit Gero mal so richtig unter Druck hätte setzen können. Aber das Schicksal war ihm wohl gesonnen. Er nahm den Brief unauffällig aus der Eingangspost und entsorgte ihn umgehend. Somit konnte niemand beweisen, dass dieser Brief jemals den Empfänger erreicht hatte. Gero sah noch Wochen später mit Bangen tagtäglich der Eingangspost entgegen; doch er blieb zum Glück von einem zweiten Schreiben Louisas verschont.

Letztlich fand auch diese Stalking-Episode ihren überraschenden wie melodramatischen Schlusspunkt. Gero erhielt nur wenige Monate später einen letzten Brief von Louisa aus einem Ort am Niederrhein, in dem sie inzwischen wohl als Lehrerin arbeitete. Auf alles vorbereitet, fand er darin zu seiner großen Verblüffung, ähnlich wie im ersten Stalking-Fall, eine dekorative Karte, in der sie stolz ihre Eheschließung bekannt gab. Offensichtlich lag ihr noch was daran, dies auch ihm mitzuteilen. Es ist nur zu hoffen, dass dieser Schritt nicht auch das Ergebnis einer obsessiven Fehlwahrnehmung aufgrund von Torschlusspanik oder Liebeswahn war. Gero muss sich allerdings ernsthaft die Frage gefallen lassen, ob sein Verhalten hier eindeutig genug gewesen sei, was die Klarstellung und Zurückweisung des Beziehungswunsches von Louisa betrifft. Wer nun meint, Gero könnte künftig in geruhsameren Arbeitszusammenhängen seine weiteren Aktivitäten entfalten, der wird im Folgenden eines Besseren belehrt werden.

16) Vom Teilen und Herrschen

Die Leiterin, Elvira Kroke, verstand es immer wieder für neue Wirbel und Strudel zu sorgen, sodass das Schiff der VHS nicht in ein ruhigeres Fahrwasser geraten konnte. Inzwischen ist eine neue Kollegin namens Claudia eingestellt worden, anfangs für die Schulabschlüsse und Projekte, später - wieder mal ein Beleg für Elviras eigenmächtige Kurswechsel - die Sprachkurse. Da Gero zu der Zeit als Personalvertreter gewählt war, war er am Auswahlverfahren der neuen Fachbereichsleiterin beteiligt. Mit dieser Personalentscheidung war er sehr zufrieden und verstand sich mit der neuen Kollegin von Anfang an gut. Sie teilten unter anderem ihr Interesse an Literatur und Filmen. So ergab es sich mit der Zeit, dass sich ein Werktag zum regelmäßigen kollegialen Austausch herausschälte, der Dienstag. An diesem Tag trafen sie sich mittags in unterschiedlichen Lokalen zum Essen, um ihre Erfahrungen und Meinungen wechselseitig auszutauschen. Für Claudia war ja noch vieles neu in dieser VHS, vor allem Elviras willkürlicher Führungsstil, unter dem sie bereits in der Probezeit zu leiden hatte.

Der Chefin blieb dieses gute kollegiale Verhältnis nicht verborgen, es schien sie zu irritieren, nein, es war ihr offensichtlich ein Dorn im Auge. Denn bei einem der Dienstgespräche unter vier Augen fragte sie Gero ganz unverhohlen, ob er sich denn unbedingt so regelmäßig dienstags mit der Kollegin treffen müsse… Er war vor Verwunderung erst einmal sprachlos, äußerte sich dann aber sehr positiv über diese willkommene Gelegenheit eines fruchtbaren Austauschs auf der Fachbereichsebene, der ja auch der gesamten Institution VHS zugutekäme.

Wesentlich heftiger fiel Elviras Reaktion aus, nachdem Gero in ihrer Vertretung einen Dienstreiseantrag von Claudia genehmigt hatte, um an einer Sitzung der Jury zur Verleihung des renommierten Adolf-Grimme-Preises teilnehmen zu können. Gero gratulierte ihr zu dieser Einladung und sah darin zugleich eine Auszeichnung für die eigene VHS. Und was tat Frau Kroke, als sie wieder ihre Dienstgeschäfte aufgenommen hatte? Sie zitierte umgehend Gero in dieser Angelegenheit zu sich, kanzelte ihn aufs Schärfste ab und drohte wieder mal mit einer Mitteilung an den Verbandsvorsteher, Dr. Walter Würges. Am Ende ihrer Auslassungen schob sie noch diese verräterische Bemerkung spöttisch nach: „Wenn Sie, der hier das VHS-Kino ins Leben gerufen hat, eingeladen worden wären, hätte ich das ja noch verstanden..." Sie warf Claudia, die sie ohnehin schon ins Visier genommen hatte, vor, ihre VHS-Dienstpflichten vor Ort mehrfach vernachlässigt zu haben; und an Geros Entscheidung beanstandete sie, dass er in leitender Vertretungsfunktion seine Pflicht der Dienstaufsicht nicht in ausreichendem Maße wahrgenommen hätte.

Die Verwerfungen am Arbeitsplatz wurden im Verlaufe der Jahre nicht weniger, im Gegenteil: eher mehr und noch massiver. So erinnert sich Gero noch an eine Veranstaltung zum Thema AIDS in einer vollbesetzten Aula. Er hatte das Thema schon sehr früh - übrigens aufgrund einer Information durch eine Sanyasin, also einer Bhagwan-Anhängerin, die in der VHS angestellt war - ins Programm genommen; und die Informationsveranstaltung mit einem Arzt und einem örtlichen Vertreter der AIDS-Hilfe endete nach informativer und lebendiger Diskussion damit, dass von Mitgliedern der AIDS-Hilfe großzügig Kondome verteilt wurden. Dieser ungeheure Vorfall wurde natürlich auch der VHS-Leiterin zugetragen. Mit dem Ergebnis, dass Gero am nächsten Tag mal wieder zu ihr zitiert wurde. Dort musste er sich dann den Vorwurf gefallen lassen, diese zügellose Kondom-Aktion am Ende nicht unterbunden zu haben. Man habe ihr berichtet, es sei wie an Karneval zugegangen: das reinste Kamelle-Werfen! Bis heute fragt sich Gero, wie er das wohl hätte machen sollen, im Trubel des Aufbruchs, als über hundert Personen gedrängt zur gleichen Zeit die Aula verließen, ohne sich und damit den Veranstalter der Lächerlichkeit preiszugeben. Schon wieder hatte Gero den begründeten Eindruck, dass das Damoklesschwert des Verbandsvorstehers bedrohlich über ihm schwebte – an einem seidenen Faden, und seine Chefin stand daneben mit der Schere in der Hand. Wahrhaftig ein geeignetes Motiv für einen Albtraum. Eine kurzzeitige Aushilfskraft im Sekretariat der VHS-Leiterin hielt es dort nicht lange aus, schon nach wenigen Wochen verließ sie diese Stelle vorzeitig und freiwillig mit diesen bemerkenswerten Worten: *„Hier herrscht ja ein Kommandoton wie in der Kaserne. Das bin ich nicht gewohnt und muss ich mir auch nicht gefallen lassen."* Tja, diese Frau hatte es gut, sie konnte es sich als versierte Schreibkraft offensichtlich leisten, konsequent zu sein und sich einem solch schädlichen Verhalten nicht länger auszusetzen.

17) Die erhobene Hand

Gero musste sich hingegen weiterhin wappnen und zur Wehr setzen, denn wirklich bedrohlich wurde eine Auseinandersetzung zwischen Gero und seiner Chefin, als er an einem heißen Sommertag seine neue Sekretärin Frau Britta Spenge gegenüber ihren Vorwürfen in Schutz nahm. Er bekam eine lautstarke Zurechtweisung seiner Kollegin im Vorzimmer mit. Daraufhin trat er aus seinem kleinen Büro ins angrenzende Sekretariat und wies ebenso lauthals die haltlosen Vorhaltungen der wütenden Frau Kroke zurück; denn Frau Spenge konnte gar nicht ans Telefon gehen, wie die Chefin behauptete, da sie selber gerade telefonierte. Konsterniert verließ die Chefin angesichts dieser für sie überraschenden wie unerwarteten Intervention wortlos das Sekretariat, um wieder in ihr Büro zu gehen und ihre Fassung zurück zu erlangen. Das konnte es für sie, die große Strategin, noch nicht gewesen sein, und richtig: Schon bald trat sie unvermittelt in Geros Zimmer, in dem er vor einem Bücherregal stand. So standen sie sich in diesem winzigen Raum wie Kampfhähne unmittelbar gegenüber. Da sie die vorangegangene Situation so nicht auf sich beruhen lassen konnte und wollte, wies sie ihn nun ihrerseits zunächst auf ihre besänftigende, hinterhältige Tour zurecht, was ihm einfiele, sich da einzumischen und noch dazu sich im Ton zu vergreifen... Als sie Gero dabei ihre linke Hand auf seinen entblößten rechten Unterarm legte, war ihm das derart unangenehm, dass er diesen mit einem kräftigen Ruck nach oben riss, um Elviras Berührung zu entgehen. Ihre verbale Reaktion daraufhin schlug alles bisher Dagewesene: „Jetzt werden Sie auch noch handgreiflich gegen mich!“ Mit diesen Worten verließ sie, wie von der Tarantel gestochen, seinen Raum und das Geschäftszimmer, um wieder in ihren uneingeschränkten Herrschaftsbereich in der VHS gegenüber zurückzukehren. Sprach- und fassungslos stand Gero noch eine Weile da, bevor er ins Sekretariat trat, um sich mit Britta Spenge, die gleichermaßen noch um Fassung rang, über das dreiste, eigentlich unfassbare Auftreten der Chefin auszutauschen. Frau Spenge war da noch nicht so lange in der VHS und wusste ab da, mit was sie in dieser Einrichtung, mit dieser Chefin zu rechnen hatte. Gero hatte bis dahin schon so einiges mit Elvira erlebt und wusste da schon, dass dieser von ihr inszenierte Vorfall nicht folgenlos für ihn bleiben würde. Er sollte Recht behalten. Ihr Hinweis, er sei mal gegen sie handgreiflich geworden, taucht später in einem ihrer Rechtfertigungsschreiben an Geros Rechtsanwälte auf, als es im Rechtsstreit um die Korrekturen seines ungewollten Abschlusszeugnisses geht. Über diesen empörenden Vorgang wird noch ausführlich zu berichten sein.

Das Betriebsklima wurde von Jahr zu Jahr immer schlechter; und das, obwohl anfangs noch regelmäßig Geburtstags-, Karnevals- und Weihnachtsfeiern stattfanden, weil Elvira daran immer sehr gelegen war. Bei einigen Politikern und Journalisten, die öfter bei ihr zu Gast waren - wegen der „Klimapflege“ - hatte die VHS den Namen „Plätzchen-VHS“ erhalten. Zehn Jahre nach Geros Dienstantritt war die Stimmung innerhalb der Belegschaft so auf den Gefrierpunkt gesunken, dass die Chefin erstmals ihren Geburtstag nicht in der VHS feiern wollte. Als Personalvertreter, unverbesserlich um Ausgleich und Verbesserung des Betriebsklimas bemüht, schrieb Gero ihr kurz vor dem Geburtstagstermin diese Zeilen: „Zunächst zolle ich Ihrer Entscheidung, den Geburtstag nicht mit den Mitarbeitern zu begehen, Respekt, denn sie ist ehrlich empfunden und entspricht auch meiner Einschätzung des gegenwärtigen Betriebsklimas.“ Im weiteren Verlauf stellte Gero einige Fragen, die nicht nur ihn stark beschäftigten „Wie soll es sich verbessern? Worauf ist die jetzige Situation zurückzuführen? (...) Lassen Sie mich ein Bild aus dem Sport anführen. Wäre ein Team in einer vergleichsweise schlechten Verfassung, stünde eine Mannschaftsbesprechung an, in der einmal offen die Probleme auf den Tisch kommen, um „reinen Tisch“ zu machen.“ Der Kartentext endet: „Und genau das wünsche ich mir...“ Elviras Antwort ließ nicht lange auf sich warten: Sie legte die Karte postwendend zurück in sein Fach, mit diesem handschriftlichen Kommentar: „Gratulation! Zurück an den Absender. Eigentlich spricht Ihr Schreiben für sich – und gegen Sie!" So blieb mal wieder alles beim Alten. Elvira fand Geros Zeilen unpassend und sogar anmaßend, er hatte es gewagt, auf Augenhöhe mit ihrer „Highness" zu kommunizieren. Und was würde der Stadtdirektor Dr. Würges dazu sagen, nachdem er einen kräftigen Zug aus seiner Dunhill-Pfeife genommen hatte? „Zwischen Ihrer Chefin (…Schmauchpause…) und Ihnen (…) menschelt es mal wieder." Keine Frage, inzwischen hatte der Beziehungszwist zwischen Gero und seiner Chefin längst das Niveau eines „Rosenkriegs" erreicht. So sollte es noch fast sechs Jahre weitergehen, durchaus noch mit Steigerungspotential, bis es Gero vergönnt war, nach mehreren vergeblichen Anläufen diesen „dornigen Betrieb" verlassen zu können. Das Schicksal war ihm tatsächlich noch gnädig. Bezeichnenderweise hing in seinem Büro jahrelang dieser Weisheitsspruch von Laotse:

Ich habe drei Schätze. Bewahre und hüte sie:

Der erste ist die Liebe. Der zweite heißt: nie zu viel.

Der dritte ist: nie der Erste sein.

Durch Liebe hat man keine Angst.

Durch nie zu viel tun hat man Weite (der Kraftreserven).

Durch das sich nicht unterfangen, der Erste zu sein,

kann man seine Anlagen entwickeln und reifen lassen.

Dieser Trostspruch beruhigte ihn jedoch nur für eine gewisse Zeit, bis er einsehen musste, dass es hier, in dieser *Anstalt*, für den Zweiten weit weniger Spielraum gab als für den Ersten, in diesem Falle die Erste. Zudem fehlte es ihm in diesem Alter wahrlich noch an der nötigen Gelassenheit.

18) Die Krise in der Mitte seines Lebens

Wieder einmal war es das Vorstellungsgespräch mit einer neuen Kursleiterin, diesmal mit Bernadine, einer Sprecherzieherin, das Gero in neue emotionale Wirren stürzte. Sie hatte Seminare im Bereich der Persönlichkeitsbildung und des Kommunikationstrainings angeboten und machte auf Anhieb einen kompetenten und sympathischen Eindruck auf ihn. Zugleich war er über sich selbst überrascht, dass ihm diese schon etwas reifere Frau mit den braunen, leicht gelockten Haaren so gut gefiel. Es muss weniger das Aussehen als das Verständnis im Dialog gewesen sein. Jedenfalls gewann diese Beziehung schnell an Eigendynamik und nahm so einen Lauf, der am Ende für Gero sehr strapaziös, aber auch aufschlussreich enden sollte. Da sie in der Nähe des Eisstadions in Düsseldorf eine Praxis für Sprecherziehung führte, lud sie ihn ein, um sich fachlich über Fragen der Kommunikation und Bildung von Erwachsenen auszutauschen; sie verstand es hervorragend, ihn genau in diesen seinen Lieblingskompetenzen anzusprechen.

Da Gero sich langsam, aber unaufhaltsam seinem vierten Jahrzehnt näherte, folglich in der berüchtigten Mitte des Lebens stand, wuchs plötzlich in ihm ein unerklärliches Bedürfnis, endlich auch erwachsener und reifer zu werden. So treffend umreißt ein Aphoristiker aus der Schweiz diese Gefühlslage: *Mit vierzig verspürt man allmählich den Wunsch, jemand zu sein. Und sei es sich selbst. (Heimito Nollé)* Seine immer wieder zum Scheitern verurteilte Suche nach geeigneten Partnerinnen, die sogenannte tentative Phase des Jugendlichen, hielt schon zu lange an. Wäre es jetzt nicht an der Zeit, den Punkt des wiederholten Trennens außer Kraft zu setzen? Und Bernadine schien genau die richtige Frau zum richtigen Zeitpunkt zu sein, ihn in diesem verzögerten Reifungsprozess zu begleiten und zu vervollständigen. Es war zugegebenermaßen mehr seiner vernunftbegabten Entschlusskraft als ihrer erotischen Anziehungskraft zu verdanken, dass daraus eine intime Beziehung wurde. Der

Autotyp, den er während dieser ungefähr zwei Jahre fuhr, unterstreicht nur diese sonderbare Zwischenphase. Es war ein gräulichbrauner FORD-Sierra. Die Zeit der orange-schwarzen Simcas und roten Alfa-Romeos schien endgültig vorbei.

Da er sich weiterhin mit anderen Frauen, vorzugsweise seinen Ex-Freundinnen traf, bekam er schon bald Bernadines Eifersucht zu spüren. Den Gipfel erlebte Gero dann im einzigen gemeinsamen Urlaub, der sie im Sommer 1985 mit dem PKW nach Südfrankreich führte. In einem Museum, das sie besuchten, gab es eine Riesenszene, weil sein Blick ihrer Ansicht nach zu lange auf einer attraktiven Besucherin geweilt habe. Bei der vertrauensvollen Aussprache abends im Hotel erzählte sie ihm dann von einem möglichen Grund für ihr Misstrauen. Sie hatte nämlich eines Tages ihren Freund in ihrem Schlafzimmer mit einer anderen Frau überrascht: die klassische In-flagranti-Situation. Diese Beziehung, in die sie nach eigener Schilderung viele Gefühle investiert hatte, ist daraufhin von ihr beendet worden. Diese riesige Enttäuschung war bei ihr aber noch längst nicht überwunden bzw. verarbeitet.

Durch ihr Kontrollverhalten fühlte sich Gero immer unwohler, zusehends in die Enge getrieben. Als sie dann noch anfing, ihm Vorhaltungen zu machen, er solle doch mal damit aufhören, den jugendlichen Liebhaber zu mimen, er werde in wenigen Wochen 40 Jahre alt und möge sich seinem Alter gemäß verhalten, mit andern Worten endlich erwachsen werden. Eigentlich wollte er das doch auch, doch in keinem Falle so. Ihm wurde immer klarer, gerade angesichts der Erwartungen, die Bernadine an ihn richtete, dass er ihren Vorstellungen von Erwachsenensein und Reife genau nicht entsprechen wollte. Womöglich war Bernadine in dieser Lebensphase nichts anderes als ein Hirngespinst, ein Hohlspiegel seiner „Mitten-im-Leben-Krise“. Dass er anfangs viele Gefühle für sie hegte, zeigen Gedichte, die er in dieser Zeit geschrieben hat. Anfangs heißt es noch himmelhoch jauchzend: „Herz, warum spielst du verrückt? Schlägst mir wie wild zum Herz hinaus – Gerade jetzt im Moment größten Glücks – Verkraftest du die Liebe nicht?“ Schon kurze Zeit später verfasste er solche Zeilen: „Unsere Sinne sind geschärft: für jeden Blick, für jeden Ton, für jede Geste. Uns entgeht nichts. Wir legen einander unter die Lupe.“ Und - wen wundert´s - der Zauber in dieser neuen Beziehung war wieder verflogen.

Endgültig am (vorgezogenen) letzten Tag ihrer Südfrankreich-Rundreise. Sie saßen bei Sommersonnenwetter auf einer Decke am Strand von Aigues-Mortes im Herzen der Camargue, mit herrlichem Blick aufs Meer. Da sie angesichts der Hitze schon bald Durst verspürten, erklärte sich Gero bereit, erfrischende Getränke zu holen. Der Weg zu einem Geschäft, größtenteils über brennend heißen Sand, und wieder zurück zum Strand, dauerte länger, als er dachte. Er musste sogar bis zu der Straße zurücklaufen, an der er auch sein Auto abgestellt hatte.

Am späteren Nachmittag, als sie beide genug vom Sonnenbaden hatten, packten sie ihre Strandutensilien zusammen und machten sich auf den Weg zurück zum Auto. Danach wollten sie sich am vorletzten Tag der Reise noch eine Hotelunterkunft suchen und zum krönenden Abschluss ein pittoreskes Restaurant aufsuchen. Als Bernadine auf dem Beifahrersitz Platz genommen hatte, griff sie plötzlich nach hinten, um dort einen Kuli von der Sitzfläche zu nehmen. Der hatte sie offensichtlich beim Hinsetzen gestört. Daraufhin sagte sie hintergründig: „Jetzt weiß ich auch, warum das eben mit dem Getränkeholen so lange gedauert hat.“ Gero entgegnete verwundert: „Wie meinst du das?“ Spitz erwiderte sie, indem sie ihm den Kuli unter die Nase hielt: „Genau deswegen. Du hattest ja nichts Besseres zu tun, als Karten an all deine Freundinnen zu schreiben.“ Gero war verärgert, weil das nun wirklich nicht stimmte, es war mal wieder eine eifersüchtige Unterstellung von ihr, und davon hatte er nun mehr als genug. Der Kugelschreiber muss schon vorher da gelegen haben. Ansonsten war ihm die Herkunft des verdächtigen Fundstücks ein Rätsel. Anschließend gab ein Wort das berühmte andere, bis Gero nach heftigen Wortgefechten endgültig die Faxen dicke hatte und relativ gefasst zu ihr sagte: „Ich habe endgültig die Schnauze voll von deiner maßlosen Eifersucht. Ich fahre jetzt direkt nach Hause." Und genau das tat er dann auch, er legte die Strecke mit weit über 1.000 km in einem Rutsch zurück nach Düsseldorf, ohne ein einziges Wort zu wechseln. Dort setzte er sie mit ihrem Gepäck vor ihrer Wohnung im Zooviertel ab und fuhr zu sich in die Himmelgeister Straße. Er war zwar geschafft, aber in einem gewissen Sinne auch erleichtert, dass es endlich vorbei war, dieses „Krisen-Kapitel" mit Bernadine.

Einige Wochen später, an seinem 40. Geburtstag, den er in einem größeren Rahmen feierte, war sie noch einmal dabei, allerdings nur noch als Zaungast. Er hatte es nicht übers Herz gebracht, sie kurzfristig auszuladen. Bernadine, die an diesem Abend ein altertümliches, buntes Folklorekleid trug, hatte selbstgebastelte Herbstdekoration in Gestalt von farbigen Papierdrachen mitgebracht. Doch bei Gero war die Lust, mit ihr ein paar Worte zu wechseln, längst verflogen. An diesem Abend dürfte auch Bernadine endgültig klar geworden sein, dass ihr Projekt, aus Gero einen vollends reifen Erwachsenen zu machen, gescheitert war. Zudem hatte Gero bereits eine andere Frau kennengelernt, zwar auch über die VHS-Arbeit, aber vor allem über das gemeinsame Sporttreiben in einer gemischten Volleyball-Gruppe, die er mit Freunden 1973 – nach den Olympischen Spielen in München – gegründet hatte. Und im Unterschied zu den vorigen Beziehungen sollte sich diese Liebe zu Marie ganz behutsam entwickeln, dafür hielt sie dann auch, was sie Gero versprach. Aus diesem Grunde hatte er sie zu dieser Feier nicht eingeladen, er steckte zu sehr in einem emotionalen Tohuwabohu und wollte erst einmal mit sich selber ins Reine kommen. So schön die Feier auch war, mit einem überraschenden Live-Konzert (Harfe und Querflöte), wofür einer der Volleyballfreunde gesorgt hatte. Das Fest ging für Gero strapaziös zu Ende. Am nächsten Morgen früh um 7:30 Uhr war er wieder am Veranstaltungsort, in der Remise in Himmelgeist, um alleine die Reste seiner Feier einzusammeln, den Raum zu säubern, um ihn, wie vereinbart, spätestens um 9:00 Uhr besenrein der Verwalterin zu übergeben. Danach fuhr er gleich weiter in die VHS, um allein in sein neues Lebensjahrzehnt übermüdet, aber immer noch unverzagt, zu starten. Übrigens im Unterschied zu den meisten seiner Freundinnen ist der private Kontakt zu Bernadine nach dieser „runden und reifen" Geburtstagsfeier gänzlich abgebrochen.

19) Eine glückliche Begegnung

In all den emotionalen Verstrickungen während der frühen 1980er Jahre lernte Gero 1983 Marie kennen. Sie bewarb sich aufgrund eines kleinen Hinweises im VHS-Programm, auf den sie ihre Schwester aufmerksam gemacht hatte: „Kursleiter/innen gesucht – vor allem im Bereich der Spielgruppen für Eltern und Kinder". Schon bei der ersten Begegnung – natürlich wieder beim obligatorischen Vorstellungsgespräch in seinem winzigen VHS-Büro – gefiel sie ihm außerordentlich gut. Das hatten wir ja schon des Öfteren. Sie war, so flapsig würden es andere ausdrücken, genau sein Typ: mittelgroß, schlanke, sportliche Figur, ein schmales, ausdrucksstarkes Gesicht mit wachen, braunen Augen und eine markante, dunkelbraune Kurzhaarfrisur. Nach dem ersten angenehmen Gespräch stellte er sie sogleich als Spielgruppenleiterin ein, sie verfügte zudem noch über ein Montessori-Diplom. Der von Gero aufgebaute Bereich der Spielkreise im Vorschulalter boomte seinerzeit geradezu, und eine Spielgruppe mit Montessori-Ausrichtung sollte das breite Angebot um eine attraktive Facette erweitern.

Gero behielt in der Folgezeit die neue Kursleiterin wohlwollend oder auch schon zugeneigt im Auge. Infolge ihrer vielseitigen Fähigkeiten und ihres Engagements wirkte sie bei verschiedenen Aktionen der VHS mit, bei Tagen der Offenen Tür, bei Ausstellungen des Kunstbereichs und bei den Gesundheitstagen. Da brachte sie einmal auch ihre aufgeweckte zehnjährige Tochter mit, was ihm zunächst zu denken gab. Als sie sich bei einem Seminar zur Kursleiterfortbildung vorzeitig verabschiedete, um noch an einem Volleyballturnier teilzunehmen, war Gero insofern sogar erfreut, als seine gemischte Volleyballgruppe namens AKKU PRITSCH, die er 1973 nach der Olympiade in München mit Freunden ins Leben gerufen hatte, Spielerinnen gut gebrauchen konnte. Also lud er sie spontan ein, doch mal an einem dieser Volleyballabende mitzumachen. Sie ist der Einladung gefolgt und spielte danach regelmäßig mit. Sie war auch spielerisch eine Bereicherung.

Das war die eigentliche Initialzündung für Geros wachsendes Interesse an Marie. An den Montagabenden gefiel ihm zusehends ihre Art, sich geschmeidig und dennoch dynamisch zu bewegen, der Höhepunkt dabei war dann und wann ihre Japanrolle beim Abwehrbaggern. Da kam ihm auch schon mal einer seiner früheren Lieblingsoldies in den Sinn: „Poetry in motion" von Johnny Tillotson – mit diesen Zeilen: „Her lovely locomotion keeps my eyes wide open / There´s nothing I would change / She doesn´t need improvement". Sie kam dann auch nach dem Spiel häufiger mit in die Kneipe zum sog. Geselligen Ausklang. Dabei genoss Gero in den Gesprächen immer mehr ihre lebendige, anteilnehmende und humorvolle Art und suchte dann auch unübersehbar einen Platz in ihrer Nähe.

Gero kann sich außerdem noch gut an die hautenge, schwarz-rot längsgestreifte Hose erinnern, die sie zu der Zeit häufig trug. Er fragte sich damals, wie sie da überhaupt hinein- und wieder hinausschlüpfen konnte. Sie spielte später auch im gemischten Volleyball-Team der VHS mit, das Gero zusammengestellt hatte und das bei einem der Turniere sogar mal den Siegerpokal gewann, und das ausgerechnet an dem Tag, an dem er in einer anderen Mannschaft zum Einsatz kam. Bei einem anderen Turnier, wieder in Hilden, war er wieder mit von der Partie, und sie spielten um den Einzug ins Finale. Hier kam es fast zum Eklat, denn Gero regte sich dermaßen über die Häufung der groben Fehlentscheidungen des Schiedsrichters auf, dass er ihn beinahe vom Bock gerüttelt hätte. Seine Mitspieler/innen konnten ihn gerade noch vor dem Schlimmsten bewahren, darunter auch Marie, die hier allerdings ihr Bild von Gero um eine nicht so liebenswerte Seite erweitern musste. Geros aufbrausendes Verhalten war nicht nur ihr, sondern dem gesamten Team in dieser Situation peinlich.

Im Unterschied zu vorigen Freundschaften bzw. den Anbahnungen wird schon deutlich, dass die Phase des Kennenlernens und Näherkommens wesentlich länger dauerte, m.a.W. es brauchte seine Zeit. Denn Maries Lebenssituation war seinerzeit recht kompliziert, dass sie sich zum einen als Mutter noch ihrer Familienstruktur verpflichtet fühlte, sie wohnte mit ihrem Mann und ihrer Tochter zusammen „unter einem Dach", zum anderen war sie mit jemandem aus ihrer Freitagsvolleyballgruppe befreundet, der zudem sehr besitzergreifend und eifersüchtig war. So schwierig sich für Gero auch nach und nach Maries „Gemengelage" darstellte, dieses Mal wollte er nicht vorschnell Reißaus nehmen; im Gegenteil. Er wollte am Ball bleiben und lud sie immer wieder ein zu kulturellen Aktivitäten wie Konzerte oder Kino, oder auch nur einfach zum Essen.

Marie folgte auch immer wieder gern seinen Einladungen, wahrte allerdings bei aller offenkundigen Sympathie und dialogischen Nähe Distanz. Dies zog sich hin und dauerte sage und schreibe über dreieinhalb Jahre, also glatte 42 Monate. Geros Beharrungsvermögen wurde somit auf eine harte Geduldsprobe gestellt. Gehört diese Fähigkeit auch zu Geros Stärken, seinem Empfinden nach war sie nach so langer Zeit doch kurz davor zu versiegen. Da unternahm er noch einmal einen Anlauf, vielleicht den letzten, um sie für den 28. April 1987 zu einem klassischen Konzert in die Tonhalle einzuladen. Gero konnte sich zu diesem Zeitpunkt, nach wahrlich längerem „Herantasten", eine intensivere Freundschaft mit Marie vorstellen. Und in der Tat: Nach dem wundervollen symphonischen Konzert, das für beide ein ästhetischer Genuss war und beider Stimmung beflügelte, passierte es, und es kam zu ihrem ersten intimen Zusammensein. Hatte das großartige Musikerlebnis tatsächlich zu einer Katharsis im Sinne einer befreienden Klärung der Gefühle und zu einer Wandlung zum Guten geführt? Dessen ungeachtet brauchte es bei Maries kompliziertem Beziehungsgeflecht noch eine gewisse Zeit, bis sämtliche Klippen umschifft waren und sie sich auch offiziell als Paar zu erkennen gaben. Geros Hang zu Heimlichkeiten, der sich im Laufe der Singlejahre verfestigt hatte, bedeutete in der Anfangszeit eine ernsthafte Bedrohung ihrer noch frischen Beziehung. Doch unglaublich, aber wahr, es geschah, was kaum einer von Geros Freunden noch für möglich gehalten hätte. Beide leben heute noch zusammen, und heute heißt im dritten Corona-Jahr 2022.

1994 zogen beide nach aufwändigen Renovierungsarbeiten gemeinsam in Geros Elternhaus in der Himmelgeister Straße; nichts sollte ihn an die alte, zum Teil „eingemauerte" Wohnsituation erinnern. So mussten im Erdgeschoss viele Zwischenwände fallen, um ein grundlegende neues, offenes Raumgefühl zu schaffen. Der Vater, so besonnen er zeit seines Lebens in finanziellen Angelegenheiten war, hatte alles, was das Erbe betraf, rechtzeitig notariell auf den Weg gebracht; so wurden Grundstück und Haus im Rahmen einer Schenkung an seinen jüngsten Sohn Gero übertragen, für den Bruder in München wurde ein angemessenes „Gleichstellungsgeld" vereinbart. In dieser Hinsicht könnte sich Gero durchaus vom Ordnungssinn seines Vaters eine Scheibe abschneiden, denn in diesen finanziellen und rechtlichen Angelegenheiten ist er eher kreativ-rhapsodisch eingestellt. Hier sollte übrigens Marie ein konstruktives Gegengewicht bilden.

Zum Glück hat sich Geros aphoristische Befürchtung nicht erfüllt: *Wer stets nach was Besserem sucht, wird beim Schlechteren verweilen.* Marie stellt einen Glücksfall für ihn dar. Zu den Lieblingsmusikstücken aus dieser 1980er Zeit zählt der Titel „Lost and Found" der englischen Band The Kinks. Im Songtext, der von einer extremen Bedrohung durch einen Hurrikan handelt, finden sich diese Zeilen: *The thing is bigger than the both of us / It´s gonna put us in our place / We´re gonna see what really matters / (...) We were lost and found, standing here / Looking fort he new frontier.*

Für Geros Lebensweg bedeutete es tatsächlich den Aufbruch in ein neues, ernsthaftes Stadium. Musikalisch hat beide in der ersten Phase auch der Titel „No more the fool" von Elkie Brooks begleitet, der 1987 erschien. Marie war es auch, die Gero in den immer heftiger werdenden Auseinandersetzungen mit seiner toxischen Chefin unterstützend zur Seite stand. Manchmal fragt er sich heute noch, zu was er, so verzweifelt und vereinzelt er mitunter war, imstande gewesen wäre, hätte er die eine oder andere seiner Rachephantasien ausgelebt. Da wären zerstochene Reifen oder die zerkratzte Karosserie ihres pinkfarbenen Cabrios noch das Geringste.

20) Die Stimme seiner Herrin

Als die Stimmung zwischen seiner Chefin und Gero mal wieder auf dem Nullpunkt angelangt war, stand an einem Donnerstag vor Karneval, also am Weiberfastnachtstag, in der VHS eine Feier an. Da ihm nicht nur wegen des schlechten Betriebsklimas, sondern auch aufgrund des Todesfalls eines langjährigen Nachbarn nicht nach Feiern zumute war, beantragte er für diesen einen Tag Freizeitausgleich. Dies wurde von Frau Kroke schlichtweg abgelehnt – mit der knappen Begründung, er habe an diesem Tage Sprechstunde. Da sie fast nur noch über Mitteilungen auf Zetteln, vorzugsweisen gelben namens „Post It" miteinander kommunizierten, legte er ihr im Gegenzug einen Zettel ins Fach, auf dem er bemerkte: *Wenn Sie im VHS-Haus Karneval feiern, werde ich schlecht in meinem Büro nebenan eine Sprechstunde halten können.* Als Gegengabe erhielt er von ihr den Hinweis, natürlich wieder auf einem dieser gelben Zettel: *Bei der Sprechstunde am kommenden Montag handelt es sich um eine Dienstpflicht!* Elvira setzte mal wieder auf ihre Machtspielkarte.

Am Weiberfastnachtstag meldete sich Gero um 8 Uhr in der VHS-Geschäftsstelle krank: *Er habe Magen- und Darmbeschwerden.* Elviras vertraute und kesse Sekretärin nahm diesen Anruf entgegen und wünschte ihm gute Besserung. Ab 9 Uhr klingelte bei Gero zu Hause das Telefon mehrmals nacheinander, immer nur so lange, bis der automatische Anrufbeantworter (AB) einsetzte. Er hatte sich fest vorgenommen, den Hörer nicht abzunehmen, *er musste sich schließlich schonen.* Nach einer Viertelstunde erfolgte ein erneuter Anruf, nach längerem Klingeln setzte der AB mit Geros Stimme ein, die um das Hinterlassen einer Nachricht bat. Elvira Kroke hinterließ nun tatsächlich etwas – und das in einem majestätischen Tonfall: „Ich weiß, dass Sie zu Hause sind. (Pause) Gehen Sie jetzt ans Telefon. (Pause) Ich warte, bis Sie ans Telefon gehen. (Pause) Sie müssen in der Nähe sein. (Pause) Ich sage es noch einmal: Gehen

Sie jetzt ..." Da war die Zeit auf dem Aufzeichnungsband abgelaufen. Eine derart denk- und merkwürdige AB-Aufnahme hat Gero zeit seines Lebens nicht mehr erhalten. Er hat die kleine Kassette des AB mit den aufgezeichneten Sprachtönen seiner Chefin noch lange Zeit aufbewahrt – für mögliche Dokumentationszwecke oder gegebenenfalls auch als Beweismittel. Bei Elvira wusste man nie, was da noch kommen würde. Insofern war Wappnen eine gute Wahl. Währenddessen wuchs sein Ordner mit den Kroke-Kuriositäten immer mehr.

Als Gero am nächsten Arbeitstag nach Rosenmontag wieder seinen Dienst aufnahm, kam die allzeit loyale Sekretärin der Chefin früh am Morgen in sein Büro, um ihm im Namen von Frau Kroke mitzuteilen, dass er für den vergangenen Donnerstag schnellstmöglich ein ärztliches Attest einreichen müsse.

Da Gero als Beamter bis dahin für lediglich einen Krankheitstag keine Dienstunfähigkeitsbescheinigung benötigte hatte, ging er zu seinem hilfsbereiten Kollegen, Friedrich Bergmann, der sich im kommunalen Verwaltungsrecht bestens auskannte, um Rat einzuholen. Dieser gab ihm dann den Tipp, er möge seine Chefin darum bitten, ihm das auf schriftlichem Wege mitzuteilen, damit er später etwas in der Hand habe. Gesagt, getan. Gero steckte ein Blatt mit dieser Bitte seinerseits in ihr Fach. Und was geschah daraufhin? Nichts. Zumindest erst mal ...

Aber das ist alles noch nichts gegenüber dem, was sich die erfindungsreiche Elvira anlässlich des 50. Geburtstags von Gero geleistet hat. Ja, hier kann man durchaus von einer Leistung sprechen, jedoch nicht in einem positiven menschenfreundlichen Sinne. Es gehört schon eine riesige Portion Verschlagenheit, Heimtücke, Intrige und Schauspielerei dazu, vielleicht auch Neid oder Rachsucht, wer weiß, um so etwas gezielt, geheim und perfekt zu planen und durchzuführen.

Zu den von ihr bevorzugten Disziplinierungsmitteln zählte neben der Kontrolle der Zeiterfassungskarten die *Urlaubssperre*. Diese lässt sich zweifelsohne als ihre Hauptwaffe bezeichnen. Sie galt bzw. wurde stets von ihr verhängt zu Beginn eines jeden Semesters, und das jeweils drei Wochen nach dem eigentlichen Semesterstart. Ob im vollen zeitlichen Umfang sinnvoll oder in allen nicht so publikumsstarken Fachbereichen angebracht, das interessierte sie nicht. Die dreiwöchige! Urlaubssperre war das Druckmittel ihrer Wahl, die Ultima Ratio.

Es war im Herbst des Jahres 1995, und Gero plante in Zusammenarbeit mit einem Bildungsinstitut im Saarland eine seiner beliebten politisch-kulturgeschichtlichen Studienreisen; sie sollte dieses Mal in die Region Saarland-Lothringen-Luxemburg führen. Die Teilnehmer/innen der letzten Studienreise hatten sich für die nächste Fahrt ausdrücklich einen früheren Termin im Herbst gewünscht. Da Teilnehmerorientierung zu den obersten Prinzipen der Erwachsenenbildung zählt, hatte Gero dies bei seiner Planung berücksichtigt, was allerdings bedeutete, dass er in der dritten Woche der Urlaubssperre nicht vor Ort in der VHS sein konnte. Als Frau Kroke davon erfuhr, legte sie ihm mal wieder Steine in den Weg. Gero stieß bei ihr mit all seinen berechtigten Argumenten auf taube Ohren. Sie ließ weder gelten, dass es sich bei dieser Studienfahrt weiß

Gott nicht um Urlaub handele, noch, dass in der dritten Woche erfahrungsgemäß in seinen Fachbereichen kaum Beratungsbedarf sei, und falls ja, könne er schließlich vertreten werden. Da die konkrete Planung der Studienwoche vom 25.9. bis 1.10. in Kooperation mit der Einrichtung im Saarland schon sehr weit vorangeschritten war und sich die Teilnehmer/innen genau für diese Zeit angemeldet hatten, sah Gero im Interesse der Studienreisenden - und leider auch in seiner Not - keine andere Lösung mehr, als diesen Vorgang dem Stadtdirektor Dr. Würges vorzulegen: natürlich auf dem berüchtigten Dienstweg, also über den Umweg oder Schleichweg des Schreibtischs der VHS-Leiterin. Kaum hatte sie dieses Schreiben zur Kenntnis gekommen, kam sie, ansonsten die Meisterin des Hinauszögerns, erstaunlicherweise gleich am nächsten Tag in sein Büro, um ihm überaus freundlich Folgendes mitzuteilen: Sie hätte festgestellt, dass er ja bald seinen 50. Geburtstag feiere und dieser genau auf den Tag nach der Studienfahrt falle. Aus diesem besonderen Grunde wolle sie ihm ausnahmsweise die Genehmigung erteilen, in der letzten Woche der Urlaubssperre die Gruppe zu begleiten. Gero fiel zunächst aus allen Wolken, zeigte sich dann dennoch erfreut über dieses „Geschenk". Er war und ist halt von seinem Naturell eher auf Friedfertigkeit, Versöhnung, Harmonie ausgerichtet.

Die Bildungswoche vor seinem runden Geburtstag ist dann auch bestens verlaufen. Für Gero war die Anreise diesmal etwas strapaziöser, da er am Anreisetag einen Vorstellungstermin an einer VHS am Niederrhein hatte, den er aus verständlichen Gründen unbedingt wahrnehmen wollte. Es ging wieder mal um die Stelle des VHS-Leiters. Von dort ist er dann nach seinem „Vorsingen" vor dem politischen Entscheidungsgremium mit seinem Privat-Pkw zum Tagungsort im Saarland gefahren. Die Begleitung der Gruppe hatte für die Anreise mit dem Bus ein anderer erfahrener Teilnehmer übernommen. Gero fühlte sich übrigens nach seinem souveränen Auftritt vor dem Ausschuss derart euphorisiert, dass er auf dem

Weg zur Tagungsstätte eine CD mit den Hits der Rolling Stones hörte, u.a. „Start Me Up" und „It´s Only Rock ´n Roll" - und das „volle Pulle". Zwischendurch sang er, nein, grölte er immer wieder lauthals mit, so sehr war er davon überzeugt, dass er es diesmal geschafft hatte. Doch am nächsten Tag erhielt er telefonisch die Absage durch den dortigen Verwaltungsleiter: Es täte ihm leid, aber er sei äußerst knapp gescheitert. Der Ausschuss habe sich mehrheitlich für den hausinternen Bewerber entschieden. Dies war nun schon das vierte oder fünfte Mal, dass er bei einer Bewerbung trotz bester Voraussetzungen knapp gescheitert war: Somit musste sich Gero weiter auf seine Beharrlichkeit verlassen und den Absprung herbeisehnen.

Am Montag, dem ersten Tag nach der Studienreise, war Geros Geburtstag, und er hatte sich frei genommen, um abends ausgiebig zu feiern, leider nur den 50. Geburtstag und nicht auch noch die berufliche Veränderung. Am Donnerstag, also zwei Tage nach seinem Geburtstag und einen Tag nach dem „Tag der Deutschen Einheit", fand Gero auf seinem Schreibtisch, schön drapiert, diverse Karten und kleine Geschenke, darunter ein Fläschchen Piccolo, Pralinen, und prominent daneben war ein etwas größerer, repräsentativer Umschlag mit dem Absender des Stadtdirektors ins Blickfeld gerückt.

Dieser Brief fiel Gero sofort ins Auge, er nahm ihn als erstes in die Hand, schon allein, weil er sich sehr darüber wunderte und zugleich freute, dass Dr. Walter Würges, der VHS-Verbandvorsteher, überhaupt an seinen 50. Geburtstag gedacht hatte. Beim Öffnen des Briefes schoss ihm noch dieser Gedanke durch den Kopf: Nun ja, schließlich bist du auch stellvertretender Leiter und das seit einigen Jahren und hast gute Bildungsarbeit für die Bürger/innen dieser Stadt geleistet ... Als er dann das gefütterte Kuvert geöffnet hatte und den Inhalt zur Kenntnis nahm, wusste er zuerst gar nicht, was mit ihm geschah. Er fiel sozusagen in ein Loch, denn es war teils ungeheuerlich, teils grotesk, was er las. Er musste es noch zweimal, dreimal lesen, um nachzuvollziehen, was dort stand. Am besten in aller Ruhe, doch das war in diesem Moment nicht möglich, so aufgewühlt und aufgebracht war er. Bis heute fehlen ihm für diese Gefühlslage die Worte. Im Schreiben fand sich kein Wort zu seinem Geburtstag, stattdessen wurden ihm diese Zeilen „aufgetischt“: *Wie mir die VHS-Leiterin, Frau Elvira Kroke, mitteilte, haben Sie in der dritten Woche der Urlaubssperre gegen Ihre Dienstpflicht verstoßen, indem Sie eine einwöchige Studienreise begleitet haben. Ich weise Sie ausdrücklich darauf hin, zukünftig die Dienstanweisungen zu befolgen. Ansonsten muss ich andere dienstrechtliche Maßnahmen einleiten.*

Es war wie ein Schlag in den Nacken und in die Magengrube – und das im gleichen Moment; am liebsten hätte Gero alles stehen und liegen gelassen, fluchtartig seinen Arbeitsplatz, den Schauplatz dieses „Rosenkrieges“, verlassen und wäre ohne Umschweife nach Hause gefahren. Doch diesen Gefallen, diesen Triumph wollte er der intriganten Elvira nicht gönnen. Zu Hause oder wo auch immer wird sie sich wahrscheinlich gerade in Gedanken an ihrer gelungenen Geburtstagsinszenierung ergötzen. An Stelle einer Flucht ging er, tief getroffen, nach nebenan ins Geschäftszimmer, zeigte erst seiner Sekretärin, Britta Spenge, und dann dem Verwaltungsleiter, Friedrich Bergmann, dieses Schreiben, um sich mit ihnen darüber auszutauschen und so etwas von seinem hohen Erregungslevel runterzukommen. Sie und alle anderen, zumindest die ihm Wohlgesonnenen, sollten wissen, zu was diese Person, die sich Chefin nennt, imstande ist. In dieser Zeit hat Gero auch diesen Spruch zu Papier gebracht: *Seit ich meinen Chef (wahlweise meine Chefin) nicht mehr ernst nehme, macht mir die Arbeit wieder Spaß.* Doch dieser als Trost gedachte Spruch hat im Grunde auch nicht geholfen, ebenso wenig die Grafikkarte, die an seinem Pinnbrett hing, mit diesem Aufdruck: *Man kann sich den ganzen Tag ärgern, ...aber man ist dazu nicht verpflichtet.*

Es sollte noch lange acht Monate dauern, bis Gero ihr das auf eine andere, dauerhafte Art und Weise heimzahlen konnte. Mit der

Buchhalterin, Frau Cleo Markert, verstand sich Gero während seiner Dienstjahre an der hiesigen VHS durchweg gut. Als auch sie in das Visier der strafenden Elvira geraten war, gingen sie in einer sonnigen Mittagspause zum portugiesischen Eiscafé in der Nähe des Stadtparks, um sich dort auf der Terrasse bei einer Tasse Cappuccino und einem Becher Eis über die jüngsten Kuriositäten und Kapriolen ihrer Chefin zu unterhalten. Damals kamen sie beide zu dem einzig richtigen Ergebnis, dass sich Elvira, so wie sie „gestrickt" ist, also in ihren Persönlichkeitsstrukturen, nicht mehr ändern wird, vor allem, solange die Verwaltungsstrukturen derart autoritär und immer noch obrigkeitshörig festgezurrt sind. Gero ging wieder sein „BüroLeidSatz" durch den Kopf: *Auch wenn du glaubst, es sei nicht mehr auszuhalten, der Dienstweg ist einzuhalten!* Sie gelangten beide zur Einsicht: Es wird nichts anderes übrig bleiben, als sich selbst zu verändern. Wie oft spukte auch dieser Satz in Geros Hirn herum: *Du änderst dich nur, wenn du es einfach nicht mehr aushältst.* Und es war schon seit Langem nicht mehr zum Aushalten. Im Herbst des Jahres 1995 fühlte sich Gero so angegriffen, dass er wegen seiner Magenbeschwerden einen Arzt aufsuchte, der bei ihm deutliche Stresssymptome feststellte. Dass Elvira ihn nun auch noch physisch krank machte, wie so manchen Anderen in der VHS, sorgte für zusätzliches Entsetzen; doch das wollte Gero nun wirklich nicht hinnehmen.

Gott sei Dank ergab sich im Mai des folgenden Jahres, also nach mehr als sechzehn Dienstjahren – wie aus dem Nichts - die Chance einer Rettung. In Geros Jahreskalender 1995 ist vorne ein Foto von ihm eingeklebt, das ihn mit ausgemergeltem Gesicht und einem alten Filzhut zeigt, um Jahre gealtert: Es muss bei einem der Advents-Trödelmärkte in der kleineren Bergischen „Gartenstadt" aufgenommen worden sein; der von ihm handgeschriebene Untertext spricht für sich: *Gibt es wirklich noch eine Hoffnung?*

22) Rettung aus heiterem Himmel

In Geros Dienstkalender für das Jahr 1996 finden wir diese Einträge: Wenn alles beim Alten bleibt, dann kannst du da nicht mehr bleiben. Und: Wenn Vorgesetzte, die man nicht absetzen kann, dir erheblich zusetzen, dann musst du dich absetzen. Doch auch im neuen Jahr blieb zunächst alles beim Alten. Wer oder wie sollte sich auch was ändern, wenn die Verwaltungsspitze des VHS-Verbandes tatenlos zusieht, wie Elvira ungehemmt als Herrscherin ihres Regimes auftreten kann. Ihr Führungsstil war unverändert geprägt durch Anweisungen, Schuldzuweisungen, Androhungen, Einschüchterungen, Gegeneinander-Ausspielen, Observieren und Aussitzen. Diese eigentlich stillosen Verhaltensweisen wurden von ihr aber nur im Innenbereich der VHS praktiziert. Nach außen zeigte sie sich überzeugend als die sanftmütige, freundliche, ja zuvorkommende und kooperative sowie allzeit hilfreiche Person, um die man uns Mitarbeiter/innen in der VHS beneidete. Wenn Politiker/innen und Presseleute kamen, gab´s immer Gebäck und Kaffee oder wahlweise Tee. Bei den Pressegesprächen lagen immer Präsenttüten bereit, vollgepackt mit Wein, Kaffee und Süßigkeiten - zur Klimapflege, wie sich Frau Kroke ausdrückte. Sie war in der Tat die reinste „Klimapflegerin", nach außen wohlig warm, nach innen berechnend und eiskalt. Manchmal wählte sie aber auch je nach Lust und Laune oder „Gutsherrinart" Wechselbäder, die sie anderen zumutete. Durchgängig passt im Umgang mit der Belegschaft auch das japanische Sprichwort: Der Nagel, der herausragt, bekommt den Hammer auf den Kopf.

Vor wichtigen Sitzungen, Ausschüssen und öffentlichen Veranstaltungen trat Elvira immer wie aus dem Ei gepellt auf. Hatte man sie am frühen Vormittag noch als angeschlagen, blässlich und unscheinbar erlebt, so erschien sie am späteren Nachmittag oder Abend wie aufgeblüht und aufgemuntert, manchmal geradezu aufgekratzt. Da hatte sie sicherlich Stunden beim Friseur, im Kosmetiksalon und im Modegeschäft hinter sich. Viel Wert legte sie auch auf farbenfrohe Kleidung, vorzugsweise bunte Tücher. Eine modische Vorliebe, die auch ihre Lieblingssekretärin mit ihr teilte, viele nannten sie nicht von ungefähr „die Bunte". Bisweilen kam es Gero so vor, als hätte Elvira Engergy Drinks oder was Anderes zu sich genommen, so krass war der Unterschied zu ihrem Aussehen und Auftreten wenige Stunden vorher. Aber eines muss man der Verwandlungskünstlerin lassen, sie hat es offenkundig immer geschafft, die wichtigen Entscheidungsträger/innen und Gremien auf diese Weise zu beeindrucken. Nicht nur für Gero war diese Diskrepanz zwischen Innen- und Außenwirkung bzw. Innen- und Außenwahrnehmung mit der Zeit immer unerträglicher geworden.

Im April 1996 nahm Gero an einem Fortbildungsseminar des VHS-Landesverbandes für Fachbereichsleiter/innen der Kulturellen Weiterbildung teil. Es fand im Museum QUADRAT in Bottrop statt. Nach einer Führung durch die ständige Ausstellung der Arbeiten von Josef Albers diente der Tag auch zum kollegialen Austausch. So traf es sich für Gero ausgesprochen gut, dass die Kollegin einer kleineren VHS aus dem Ruhrgebiet an diesem Seminar teilnahm. Er kannte sie, besser gesagt ihre Mutter, aus seiner Tätigkeit als Englisch-Dozent an der VHS Düsseldorf. Am Ende und noch eine Zeitlang nach seinem Studium hatte er dort eine Reihe von Englisch-Kursen geleitet, von der Anfangsstufe bis zum Zertifikat. Frau Wildbauer, die Mutter von Felicitas, war Stammteilnehmerin und schätzte Gero damals so sehr, dass sie ihn eines Abends nach der Kursstunde bat, am kommenden Samstag zu einer Geburtstagsfeier ihrer Tochter zu kommen, um mit ihr ein paar Worte über die Volkhochschularbeit und den Bereich der Weiterbildung zu wechseln, denn sie wisse noch nicht genau, was sie studieren wolle, die Erwachsenenbildung käme für sie aber auch in Frage. Er fand die distinguierte Frau Wildbauer sehr sympathisch, und neugierig, wie Gero war, besuchte er an besagtem Samstag das Haus der Familie Wildbauer im Stadtteil Golzheim. Dieser Abend verlief allerdings sehr enttäuschend für ihn. Nach dem Klingeln an der Haustür erblickte er im Türrahmen zwar die eher zierliche Felicitas mit rötlichen Haaren, allerdings nur kurz als flüchtige Erscheinung, die rasch im Nebenraum verschwand, um sich wieder ihren jungen, geladenen Gästen zu widmen, sie überließ den in ihren Augen wohl schon etwas älteren Englisch-Dozenten kommentarlos ihrer Mutter. Mit der Mutter parlierte er dann noch eine Weile bei einem Glas Wein, - es ging vor allem um die Lektionen des laufenden Englisch-Kurses -, bis auch ihr klar wurde, was ihre Tochter von diesem Arrangement einer Studienberatung an ihrem 18. Geburtstag hielt. Felicitas verbrachte die Zeit verständlicherweise lieber mit ihren Gästen im anderen Raum, aus dem rockige Musik herüber schallte. Gero hielt es dann auch bald für angebracht, sich höflich von der Mutter zu verabschieden. Man könnte sagen, was für eine Zeitverschwendung. Das dachte Gero an diesem angebrochenen Abend auch mehrmals, doch erst nach fast zwanzig Jahren sollte sich herausstellen, wie wertvoll diese misslungene Begegnung oder auch diese vergeudete Stunde für Gero noch werden sollte.

Und tatsächlich, im April 1996 in Bottrop stellte sich Gero Felicitas mit diesen Worten vor: Ich bin übrigens derjenige, der vor Jahren den Englisch-Kurs ihrer Mutter geleitet hat und den ihre Mutter damals zu ihrem Geburtstag eingeladen hatte ... Diese einleitenden Worte reichten, um ihr Interesse zu wecken und mit ihr in ein längeres Gespräch einsteigen zu können. Es dauerte nicht lange, da waren sie in der Gegenwart der Erwachsenenbildung angelangt. Sie berichtete von ihren bisherigen Stationen in der Volkshochschularbeit und insbesondere von der jetzigen Situation an ihrer VHS; im Gegenzug verschwieg Gero nicht die großen Schwierigkeiten, die er in seiner VHS mit seiner Chefin hatte.

Im Gefolge dieses offenen Dialogs ergab sich auch für die Zeit danach ein kollegialer Austausch zwischen den beiden - zunächst nur per Telefon. Dabei erfuhr er von Felicitas, dass ihr VHS-Leiter bald in Pension gehen werde. Da sie dort stellvertretende Leiterin war, rechnete sich Gero keine Chancen aus. Am 10. Mai kam dann der entscheidende Anruf von Felicitas, in dem sie Gero ohne Umschweife fragte, ob er nicht VHS-Leiter an ihrer VHS werden wolle. Sie sprach von einem Modell der Doppelspitze, in dem sie die Leiterin des neuen Kulturbüros werden sollte und er der Leiter der VHS – und das gemeinsam und gleichberechtigt in einem Haus. Angesichts des angestauten Frustes und der unerträglichen Zuspitzung in der eigenen VHS brauchte Gero nicht lange zu überlegen, er war zunächst perplex, aber auch hocherfreut und bekundete spontan sein Interesse. Hatte endlich ein Schutzengel ein Einsehen mit ihm, dem am Schutzengelfest Geborenen? Könnte er tatsächlich „aus heiterem Himmel" für einen Absprung sorgen? Es kam ihm zu diesem Zeitpunkt wahrhaftig wie ein Wunder vor. Dieser (im positiven Sinne) unfassbare Vorgang nahm rasant an Fahrt auf; schon eine Woche später kam es zu den entscheidenden Gesprächen mit dem dortigen Bürgermeister sowie dem Ersten Beigeordneten und zugleich Kämmerer in der kleinen Ruhrgebietsstadt mit historischem Ortskern; und schon nach drei Wochen entschied sich der Personalausschuss mehrheitlich für Gero als neuen VHS-Leiter. Als Dienstantritt wurde der 1. Oktober 1996 vereinbart. Selten brachte ein Sprichwort Geros Gefühlslage so passend auf den Punkt: Was *lange währt, wird endlich gut.* Vorher galt für ihn die Abwandlung: *Was zu lange währt, wird Wut.*

Der Anruf einen Tag nach dieser Personalentscheidung in der VHS-Filiale in der kleineren Bergischen Nachbarstadt sorgte bei Gero für eine lang herbeigesehnte, genüssliche Genugtuung. Jetzt konnte er seiner ungeliebten, ehrlich gesagt: verhassten Chefin in aller Ruhe mitteilen, dass er woanders zum VHS-Leiter gewählt worden sei. Am anderen Ende blieb es erst mal stumm, dann die kargen Worte „Wie schön für Sie." Schon einige Tage später konnte sich Elvira nicht verkneifen, am Telefon süffisant darauf hinzuweisen, dass es sich da in dieser kleinen Ruhrgebiets-VHS ja nur um eine Doppelspitze handele. Gero war zum Glück in diesem Moment so geistesgegenwärtig, dass er ironisch kontern konnte: „Sie wissen doch, wie sehr ich Teamarbeit schätze."

23) EIN ARG VERWIRBELTER START

Vor dem Wechsel an die städtische Volkshochschule im Ruhrgebiet, die verwaltungsrechtlich als Versetzung durchgeführt wurde, gab es noch zwei oder drei Treffen mit seiner neuen Kollegin Felicitas, um bestimmte Abläufe und Regelungen der neuen Zusammenarbeit abzuklären und abzustimmen. Diese Vorinformationen schienen ihr sehr wichtig zu sein. In den Gesprächen mit ihr wurde Gero nach und nach klarer, dass es um das Beziehungsgeflecht innerhalb der neuen Einrichtung auch nicht zum Besten stand. Felicitas ließ an beinah allen Kolleginnen und Kollegen kein gutes Haar; die ihr gleichgestellten pädagogischen Mitarbeiter und die Mitarbeiterin kamen dabei besonders schlecht weg. Es stellte sich immer deutlicher heraus, dass das neue Leitungsmodell für sie eine maßgeschneiderte Notlösung darstellte, das zudem von ihr entworfen worden war. Denn die Mehrzahl der VHS-Kolleginnen und –Kollegen hätten sie als neue Chefin überhaupt nicht akzeptiert, und dies war auch dem Bürgermeister, der zugleich Kulturdezernent war, nicht verborgen geblieben. Auch der aus Altersgründen scheidende VHS-Leiter ließ gegenüber der Stadtspitze keinen Zweifel daran aufkommen, dass er seine offizielle Vertreterin nicht als Nachfolgerin für geeignet hielt. Gero erkannte schnell, dass es auch an seiner neuen Wirkungsstätte mächtig „menschelte".

Mithin war für Felicitas in dieser verzwickten Situation Einfallsreichtum gefragt. Da es ihr ausgerechnet daran nicht mangelte, ist sie auf die glorreiche Idee gekommen, den Kulturbereich, für den sie in erster Linie zuständig war, aus dem Programmangebot der VHS ganz herauszunehmen und ein eigenes Kulturbüro unter ihrer Leitung zu installieren. Dem kulturbeflissenen Bürgermeister gefiel offensichtlich nicht nur ihre aparte Erscheinung, sondern auch ihr neues, originelles Leitungsmodell. Gebraucht wurde jetzt nur noch ein Puzzlestück: ein passender Erwachsenenbildner für die vakante VHS-Leiterstelle.

Da kam Gero ins Spiel. Auf diese Weise ergab sich alles in allem eine überraschende Win-Win-Situation für beide. Gero schaffte so endlich den heißersehnten Absprung aus seiner alten, inzwischen unerträglich gewordenen VHS-Stelle, und Felicitas konnte in dieser neu geschaffenen Leitungsfunktion ihr Gesicht wahren, zumal ihr Interesse ohnehin eher der Kultur als der Erwachsenenbildung galt. Bei einem privaten Treffen im Lokal ihres Bruders in der Düsseldorfer Altstadt, an dem auch ihre Eltern anwesend waren, bat sie Gero vorher ausdrücklich, nichts von der Doppelspitze zu erwähnen; ihr war sehr daran gelegen, als die neue, alleinige Chefin da zu stehen.

Am 1. Oktober 1996 war es dann so weit, er konnte seine neue Dienststelle als Leiter einer städtischen VHS antreten. Kurioserweise, sozusagen als Ironie des Schicksals, wurde ihm zudem am Vormittag im Büro des Bürgermeisters eine unerwartete Ehrung zuteil: Ihm wurde an seinem ersten Arbeitstag in Anwesenheit des Kämmerers vom Bürgermeister persönlich eine Ehrenurkunde mit Kordel in den Stadtfarben blau und gelb überreicht *„für treue Pflichterfüllung während 25-jähriger Tätigkeit im öffentlichen Dienst".* Am nächsten Tag, genau an sein 51. Geburtstag, erschien im Lokalteil der WAZ ein Artikel über ihn unter dem Titel „Bewegung ist dem neuen VHS-Leiter wichtig". Im folgenden Text heißt es u.a. weiter: „Von der kooperativen Leitung verspricht er sich viel." Was in diesem Anfangsstadium auch stimmte. In der offiziellen städtischen Presseerklärung zum neuen Leitungsmodell liest es sich ja auch vollmundig und verheißungsvoll, man könnte aber auch sagen hochtrabend: *„Der Kreislauf einer gemeinsam verantworteten Fach- und Ressourcensteuerung sowie die inhaltliche Vernetzung der Weiterbildungs- und Kulturangebote bieten die Möglichkeit, Flexibilität, Innovation, Kundenorienteirung und Effizienz zum Nutzen der Bürgerinnen und Bürger zu steigern."*

Nach der nebulösen Vorgeschichte dieser Personalie war es nur allzu verständlich, dass es für den Wunschkandidaten von Felicitas, der gleichsam von ihr aus dem Hut gezaubert worden war, kein herzliches Willkommen in der Belegschaft gab. Ihm wurde in den ersten Tagen, wenn nicht gar Wochen von den meisten und zumeist die kalte Schulter gezeigt. Wie oft hatte sich Gero da bei seinen über 50 km-langen Autofahrten über Wuppertal oder Velbert, vom Rheinland nach Westfalen gefragt: „Was und warum tust du dir das eigentlich an?" Zugegeben, eine völlig unangebrachte Frage; dennoch: Wäre seine vorangegangene Berufssituation nicht so fürchterlich und ausweglos gewesen, er hätte sie sich glatt zurück gewünscht. Wie oft musste er sich da diesen ihm vertrauten Spruch von Elmar Krupke in Erinnerung rufen: *Es gibt nur einen Grund, etwas zu verändern. Du hältst es einfach nicht mehr aus.*

Das anfangs noch vertrauens- und hoffnungsvolle Verhältnis zu Felicitas wurde mit jeder Woche schlechter. Zum Amtsantritt hatte sie ihm eine wunderschöne rosabraun gemaserte Muschel, bezeichnenderweise zwei Muschelschalen, die genau zueinander passten, geschenkt; doch für die tiefere Bedeutung dieses Geschenks besaß er keine Antenne – oder wollte er die symbolische Assoziation nicht wahrnehmen... Jedenfalls, je mehr Gero sich seinen VHS-Kollegen und –Kolleginnen im Alltagsgeschäft konstruktiv zuwandte, desto abweisender wurde die andere Hälfte der Doppelspitze, die neu installierte Kulturbüro-Chefin. Fragte sie ihn anfangs noch danach, wie ihm die neuen Vorhänge in ihrem Büro gefielen, schätzte sie da noch seine Empfehlungen und Ratschläge, so fielen schon nach wenigen Wochen die gemeinsamen Mittagspausen aus. Langsam dämmerte Gero, dass er in dieser Einrichtung ebenfalls in einer „Löwengrube" gelandet war, doch zu seinem Glück jetzt in einer anderen, nämlich leitenden Funktion.

Das auf gleichberechtigte Zusammenarbeit angelegte Modell der Doppelspitze hatte fürwahr scharfe Ecken und Kanten, und die richtete Felicitas nun verstärkt gegen ihn. Das erste Opfer war allerdings der Verwaltungsleiter Peter Meier, der zwischen beiden Spitzen bzw. Fronten stand und sich von Anbeginn als erklärter

Gegner von Felicitas auf Geros Seite geschlagen hatte. Meier war ausgesprochen froh über die Wahl des neuen VHS-Leiters und ließ Gero auch schnell spüren, für wen er Sympathie hegte. Zugleich merkte Gero deutlich, dass er ihn als Gegenpart von Felicitas auf seine Seite ziehen wollte. Irgendwie kam ihm diese verwickelte, ja verwirbelte Gemengelage bekannt vor. Insgeheim wartete er schon auf eine erneute Belehrung durch den Bürgermeister – ggf. wieder mithilfe der „Stachelschwein-Fabel". Doch ein solcher Problemlösungsversuch blieb dieses Mal aus, er musste sich vielmehr wappnen und einstimmen auf andere Formen der Bewältigung. Eines stand für Gero, den Spätberufenen, jedenfalls fest: Noch einmal wollte er sich nicht so vorführen lassen.

24) VOM ROSENKRIEG BIS ZUR SPÄTEN BLÜTE

Die atmosphärischen Störungen wuchsen sich bald aus zu ernsthaften Meinungsverschiedenheiten und Streitereien. Am Ende dieses konfliktgeladenen Prozesses stand der sogenannte Rosenkrieg zwischen Felicitas und Gero. So bezeichnete es jedenfalls der neue Verwaltungsleiter Udo Müller. Doch beginnen wir mit einer kuriosen Episode. Es handelt sich um die gemeinsame Textansage des Anrufbeantworters für VHS & Kulturbüro. Die Aufnahme fand im Büro von Felicitas im Erdgeschoss statt, und das Resultat sorgte in der Belegschaft schon bald für die erste Lachnummer. Der Begrüßungs- und Ansagetext sollte im Wechsel auf Band gesprochen werden und war, wie verabredet, von Gero entsprechend schriftlich vorbereitet worden. Die Begrüßung hatte er Felicitas zugedacht, den informativen Mittelteil sollten beide im Wechsel übernehmen: Felicitas informierte über Daten des Kulturbüros, Gero über die der VHS, der Schlussteil sollte Geros Part sein. Gero weiß nicht mehr, wie oft sie das Band besprachen, bis Felicitas damit einverstanden war. Sie störte sich vor allem an den ihrer Meinung nach ungleichen Sprechanteilen, sie fand, dass sie im mittleren Teil zu kurz käme. Gero ließ sich folglich auf Veränderungen im Mittelteil ein, bestand aber darauf, die Verabschiedungsworte zu sprechen. Nach längerem Hin und Her stimmte sie höchst widerwillig und missgelaunt zu. Nach dieser Szene war Gero klar, was noch alles auf ihn zukommen sollte. Übrigens: Die Länge und die künstlerische Dramaturgie dieser AB-Ansage schlugen schließlich sämtliche Rekorde. Das Ergebnis war, dass nur wenige die Geduld hatten, auf dem AB überhaupt eine Nachricht zu hinterlassen. Die Kolleginnen und Kollegen nicht nur der eigenen Geschäftsstelle, sondern auch fast der gesamten Verwaltung hatten immerhin noch monatelang ihren Spaß an dieser Performance der neuen Doppelspitze.

Noch komplizierter gestaltete sich die Prozedur der Gestaltung eines neuen gemeinsamen Logos. Da sich Gero gern mit so was beschäftigte, legte er beim ersten Treffen mit dem Grafik- und Design-Experten, Herrn S., den Felicitas bereits gut kannte, einen eigenen groben Entwurf vor, der den Schriftzug Kulturbüro und VHS mit einem brückenartigen Halbbogen in blau und gelb, den Farben der Stadt, überspannte. Diese Idee wurde von Felicitas und Herrn S. sofort unisono verworfen. Herr S. legte dann einen eigenen Entwurf vor, der eine Punktrasterung und eine markante Schriftmarke sowohl für die VHS als auch für das KulturBüro (jetzt mit großem B) vorsah. Felicitas war auf Anhieb mit diesem Vorschlag einverstanden, Gero hatte den Eindruck, dass ihr dieser bereits bekannt war. Da sich Gero durchaus mit diesem Entwurf anfreunden konnte, stimmte er ihm ebenfalls zu. Kurz vor der Auftragserteilung verwarf Felicitas jedoch plötzlich die Lay-out-Idee mit der Punktrasterung und entschied sich, was nun auch für den Grafikdesigner völlig überraschend war, für eine reine Wortmarke in den Farben schwarz und rot. Da Gero nach wie vor von einem gemeinsamen Auftritt ausging, konnte er diesen Alleingang seiner Kollegin beim besten Willen nicht nachvollziehen. Eines stand ab da für ihn fest: An solche eigenmächtigen Vorgehensweisen und Entscheidungen wollte er sich nicht gewöhnen. Ernsthafte Konflikte und Auseinandersetzungen waren also vorprogrammiert. Eine spätere Bemerkung einer zuverlässigen und zupackenden Mitarbeiterin in der Geschäftsstelle gab ihm rückblickend sehr zu denken: Er sei damals einfach zu lieb gewesen.

Als sich die Situation für den alten Verwaltungsleiter Meier unter der neuen Doppelspitze nicht zu seinen Gunsten verbesserte, sondern eher verschärfte, da Gero in der Anfangsphase seiner Kollegin (aus alter Verbundenheit oder Dankbarkeit) nicht in die Rücken fallen wollte, stellte Meier einen Versetzungsantrag, dem der Verwaltungsvorstand auch gleich zustimmte. Gero befand sich noch im frühen Stadium des Sondierens und Taktierens. Vielleicht hatte er sich aber zu diesem Zeitpunkt noch zu sehr vom Wohlwollen seiner Kollegin abhängig gefühlt und glaubte, so unverbesserlich wie er nun mal war, immer noch an eine positive Wende in den Wirren des beruflichen Miteinanders.

Das Fass brachte schließlich der neue, kompetente wie engagierte Verwaltungsleiter zum Überlaufen, als er nach vergeblichen Bemühungen um Ausgleich einen Brief an den Verwaltungsvorstand schrieb und darin die konfliktgeladenen, ja giftigen und unerträglichen Machtkämpfe der beiden Leitungskräfte in der Doppelspitze anprangerte. Diese Störungen im Betriebsklima brachte er prägnant mit dem Schlagwort „Rosenkrieg" auf den Punkt; dieses Reizwort machte wie ein Lauffeuer in der gesamten Stadtverwaltung die Runde. So kam natürlich Fahrt in die brisante Angelegenheit: Die zerrüttete, selbstzerstörerische Doppelspitze und der genervte Zeuge in Gestalt des Verwaltungsleiters wurden von der Stadtspitze zum Rapport bestellt. Überraschend schnell wurde ein Ergebnis verkündet: Die beiden leitenden Akteure wurden entmachtet, m.a.W. die Doppelspitze war Geschichte, und der Verwaltungsleiter wurde mit neuen Befugnissen und Leitungsaufgaben betraut.

Gero erinnert sich in diesem Zusammenhang an ein sehr langes Telefonat mit dem Bürgermeister; es fand genau an seinem Geburtstag statt, den er als Freizeitausgleich zuhause verbrachte. In diesem vertrauensvollen Gespräch, bei dem Gero mit dem Telefonhörer am Ohr auf und ab durch den Garten ging, erkundigte sich der Bürgermeister nach seiner Einschätzung der in Schieflage geratenen Situation in seinem Kulturbereich. Gero berichtete ausführlich und ohne Umschweife über konkrete Vorfälle in der jüngeren Vergangenheit, die eben eine erfolgreiche Zusammenarbeit im gemeinsamen Haus von VHS und KulturBüro unmöglich machten. Als der ihm wohlgesonnene Bürgermeister nach Geros längeren Ausführungen in aller Ruhe sagte: „Sie brauchen mir nichts weiter erzählen, ich kenne Ihre Kollegin schon etwas länger", da konnte Gero erleichtert durchatmen. Und er hatte sich nicht getäuscht, denn der Bürgermeister muss Felicitas schon bald klar gemacht haben, dass man ihr nichtkooperatives Verhalten nicht gutheiße und dass es so nicht weitergehen könne. Kleine Notiz am Rande: Sie hatte Gero tatsächlich kurz zuvor die Ausschreibung einer VHS-Leiter-Stelle in der größeren Nachbarstadt ins Fach gelegt, doch nun blies ihr der amtliche Wind heftig ins Gesicht. Das von ihr ausgeheckte, gutgemeinte Modell der gleichberechtigten Doppelspitze hatte endgültig ausgedient, nun war sie es, die den Rückhalt in der Verwaltungsspitze verloren hatte; infolgedessen sah sie in dieser Stadt für sich keine berufliche Zukunft mehr. Das Scheitern lag vor allem daran, dass dieses Gedankenmodell ohne die dafür geeigneten Personen entworfen worden war, ohne diejenigen, die es erfolgreich mit Leben hätten füllen können. Das machtbewusste und kaum teamfähige Alpha-Weibchen Felicitas und der zwar partnerschaftlich denkende, aber bisweilen zu harmoniebetonte Gero waren es jedenfalls nicht, zumal er sich in seiner neuen Position von Felicitas nicht die Butter vom Brot nehmen lassen wollte. Zum Fazit sei Schiller zitiert: *Nur schade, ein feiner Plan. Fein zugespitzt, zu fein geschärft, dass die Spitze brach.*

Es dauerte nur wenige Monate, bis Felicitas stolz mitteilte, dass sie in einer Stadt am Niederrhein eine neue leitende Stelle im Kulturbereich antreten werde. Auf der Moderationstafel in ihrem Büro war noch geraume Zeit nach ihrem Weggang dieser denkwürdige, paradoxe Satz des Künstlers Timm Ulrich zu lesen: *Denken Sie immer daran, mich zu vergessen.*

Übrigens viele Jahre später hat Gero Felicitas noch einmal kurz gesehen, nein, das wäre zu viel gesagt, eher gesichtet – und zwar als vorbeihuschenden, (wegen der Haarfarbe) kupferroten Schatten bei einem Bücherbummel in ihrer gemeinsamen Heimatstadt Düsseldorf. Dort mitten auf der Kö betreute Gero den Informationsstand seines Literaturvereins Deutsches Aphorismus-Archiv (kurz DAphA), den er 2005 nach dem ersten Aphoristikertreffen in der Ruhrgebietsstadt mitgegründet hatte. Als Felicitas den Schriftzug dieses Vereins mit Angabe des Ortes, womöglich auch ihn, erkannt hatte, wendete sie sich irritiert und abrupt ab, vielleicht sogar mit

Grausen. Denn Gero erspähte nur noch, wie sie den Kopf mit einem hastigen Ruck zur Seite riss und davoneilte. Gero wurde in diesem Moment durch diese flüchtige Erscheinung gedanklich um Jahrzehnte zurückgeworfen: Verlief nicht so ähnlich die erste, schemenhafte Begegnung in ihrem Elternhaus vor über vierzig Jahren?

Als sich die weibliche Hälfte der Doppelspitze verabschiedet hatte, konnte Gero seine restlichen Dienstjahre in deutlich ruhigerem Fahrwasser absolvieren. Die harte Phase der emotionalen Verwerfungen und Grabenkämpfe war glücklicherweise überstanden. Wenn sich Gero heute in seiner nachberuflichen Autonomie seine Dienstkalender der Jahre 2000 bis 2007 anschaut, wird ihm schon allein vom Durchblättern schwindlig: so viele Termine, so viele Orte, so viele Personen. Er fühlt sich glatt an einen eigenen Text aus früherer Zeit erinnert:

Gottlob weiß ich immer, was ich tun soll. Mein Terminkalender ist voll.

Brauch´ mich nicht zu sorgen. Bin ausgebucht morgen und übermorgen.

Bin überaus beliebt und agil. Auch nächste Woche läuft sehr viel.

Willst du mich sehn, dann musst du dich sputen. Reservier dir nächsten Monat ein paar Minuten.

Bin kaum noch Mensch, doch ich werde zum Tier, wenn ich meinen Kalender verlier.

So weit ist es dann doch nicht gekommen, Gero hat all seine Kalender aufgehoben; dadurch war und ist es ihm nach wie vor möglich, sich auch Jahre später längst vergangene und halbwegs vergessene Ereignisse genauer in Erinnerung zu rufen; manchmal kommt er sich vor wie ein Archivar von Erinnerungsstücken.

Nach Felicitas Weggang war Gero endlich in der Lage, eigenständig so ambitionierte Projekte wie KUNSTWALD mit Künstlerinnen und Künstlern der Region durchzuführen, und das während seiner Amtszeit gleich achtmal. Hinzu kamen die vielen Veranstaltungen zur Dozentenfortbildung, sozusagen als Höhepunkt die Entwicklung und mehrmalige Durchführung der Erwachsenenpädagogischen Grundqualifizierung in Kooperation mit dem Landesverband der Volkshochschulen in NRW. Als Gero später von der neuen Bürgermeisterin noch zum Leiter des gesamten Fachbereichs Weiterbildung und Kultur ernannt wurde (allerdings ohne die in Aussicht gestellte finanzielle Anerkennung), war er in Zusammenarbeit mit der Museumsleiterin an herausragenden Ausstellungen (u.a. BAUHAUS / Immendorff / Uecker / Mack) beteiligt. Da er immer schon in der Literatur einen Schwerpunkt seiner Arbeit sah, kam es im Rahmen der Lesungen zu Begegnungen mit namhaften Schriftstellerinnen und Schriftstellern bzw. Persönlichkeiten wie Peter Härtling, Ulla Hahn, Sarah Kirsch, Ingrid Noll, Dieter Hildebrandt und Robert Gernhardt. Den krönenden Abschluss seiner Aktivitäten bildete dann 2004 die Umsetzung einer ungewöhnlichen Idee, nämlich die Durchführung von Aphoristikertreffen. Dazu hatte ihn der Aphorismus von Elias Canetti inspiriert: *Die großen Aphoristiker lesen sich alle so, als hätten sie einander gekannt.* Bei einer seiner Autofahrten auf der A 46 kam ihm während eines längeren Staus plötzlich dieser Satz in den Sinn und drehte sich danach unter seiner Schädeldecke wie in einer Endlosschleife. Seine Gedanken kreisten schließlich einzig und allein um den Konjunktiv „hätten gekannt“ – „hätten gekannt“ ... Wozu doch manchmal ein Verkehrsstau gut sein kann.

Damit war wie aus dem Nichts die Idee der Aphoristikertreffen geboren, und das in einer kleinen, kulturell ambitionierten Stadt im Ruhrgebiet, wie er es im Förderantrag an die Kulturstiftung NRW ausgedrückt hatte. Da die eigenen „Bordmittel“ für diese zusätzliche Tagung nicht ausreichten, wandte sich Gero an die Kulturstiftung NRW. Nachdem die Kunststiftung dieses originelle Literaturprojekt als „wichtiges kulturelles Ereignis für das Jahr 2004“ anerkannt hatte (aus dem Bewilligungsbescheid), konnte das erste Aphoristikertreffen im November 2004 in Kooperation mit der Leiterin des Stadtmuseums unter dem Leitthema „Gegen den Strom“

durchgeführt werden. Die Premiere mit über dreißig Aphorismus-Begeisterten aus dem In- und Ausland war ein runder Erfolg, auch das Medienecho war überwältigend.

Nach dem ersten Treffen kam es spontan zu einer Initiative unter den teilnehmenden Autoren / Autorinnen, einen Förderverein zur Gründung eines „Deutschen Aphorismus-Archivs“ (kurz DAphA) zu gründen. Dies erfolgte dann offiziell 2005. Im engen Zusammenwirken mit dem Aphorismus-Experten und späteren Freund Florian S. konnten bis Ende 2021, dem zweiten „Corona-Jahr“, sage und schreibe neun Aphoristikertreffen geplant und durchgeführt werden. Als schönen Nebeneffekt lässt sich für Gero ableiten, dass es nach dem freiwilligen und vorzeitigen Ausscheiden aus dem städtischen Dienstverhältnis für ihn noch genug zu tun gab und gibt, und das in seinem Lieblingsgebiet. In diesem Sinne ist er in seiner nachberuflichen Autonomiephase wahrlich ein „Weitermacher“, und das ganz ohne Abhängigkeiten und unnötigen Stress. Resümierend lässt sich erfreulicherweise festhalten: Die letzten sechs oder sieben Berufsjahre (als späte Blütezeit) bedeuten für Gero eine Entschädigung für die vorangegangenen rund zwanzig verkorkten und verwirbelten Jahre der Rosenkriege.

25) „JUNGE, DU VERDIRBST DIR NOCH DIE AUGEN!“

Gero hat sich eigentlich sein Leben lang, mal mehr, mal weniger, Sorgen um sein Augenlicht gemacht. In seinen Jahren als Schulkind, als er gerade erste Erfolge mit dem Lesen hatte, musste er ständig die Mahnungen der Erwachsenen über sich ergehen lassen. Es war vor allem seine kleine, aber resolute Oma Anna, die Mutter seines Vaters, die ihn immer wieder warnte, wenn er etwas las und das Licht ihrer Meinung nach nicht hell genug war; und das war in der kleinen Kniestockwohnung mit vielen Schrägen in den Wintermonaten meist der Fall. Sehr oft half der kleine Gero seiner Oma, deren Augen mit den Jahren immer schlechter wurden, beim Einfädeln eines Garns in das Nadelöhr; dabei lernte er von ihr, einer gläubigen Katholikin, den Bibelspruch kennen, ohne ihn damals schon richtig zu verstehen: „Eher geht ein Kamel durch ein Nadelöhr, als dass ein Reicher in das Reich Gottes gelangt.“ Die Großmutter war von der feinmotorischen Leistung des Kindes immer wieder stark beeindruckt und meinte anerkennend: „Du hast ja die reinsten Adleraugen.“

Gero ließ sich durch die wiederholten Warnungen der Erwachsenen vor Sehverlust nicht vom Lesen abhalten. Er las sogar nach dem Zu-Bett-Gehen häufig mit der Taschenlampe unter der Bettdecke; das geschah vor allem in seiner Karl-May-Phase, als er 13 oder 14 Jahre alt war und viele der charakteristischen Bände von Winnetou bis Kara Ben Nemsi im „Land der Skipetaren“ geradezu „verzehrte“. Das ging in seiner Jugendzeit noch problemlos ganz ohne Lesehilfe. Eines schälte sich schon früh in seinem Werdegang heraus: ein Leben ohne Lesen wäre für ihn eine Strafe gewesen. Eine weitere Erfahrung für ihn bestand darin, zu erkennen, wie wichtig doch das Sinnesorgan Auge im Leben eines aufmerksam beobachtenden Menschen ist. Das wusste bereits der antike Philosoph Heraklit: *Augen sind genauere Zeugen als Ohren.*

Seine erste Brille erhielt Gero mit 21 Jahren, als seine Brieftasche mit nagelneuem Führerschein in der Umkleidekabine seines Fußballvereins gestohlen wurde. Um eine neue Fahrerlaubnis zu erhalten, musste er sich von Amts wegen einem Sehtest unterziehen. Danach fiel Gero aus allen Wolken, denn bei ihm wurde ganz offiziell eine Sehschwäche festgestellt, von der er selber bis dahin gar nichts ahnte. Seitdem war er auf eine Brille oder Kontaktlinsen angewiesen. Als Fußballspieler entschied er sich für Kontaktlinsen, die gerade erst auf den Markt kamen und in ihrer ersten Generation noch hart waren. Das Einsetzen stellte sich für ihn als schwierig dar, und er verletzte prompt seine Hornhaut in beiden Augen. Mit dem Ergebnis, dass er, um weiteren Schaden zu vermeiden, wieder einer Brille den Vorzug gab, zumal diese ihm als jungem Assistenten an der Uni ein respektableres Aussehen verlieh. Er wählte sogar ein markantes, rechteckiges, mittelbraunes Horngestell, das er schon recht bald für völlig verfehlt und altbacken hielt, zumal es für seinen eher kleinen Kopf unpassend, ja geradezu erschlagend wirkte. Da hatten er und der beratende Optiker wohl „zu dick aufgetragen". Später waren es dann vorzugsweise leichte Metallgestelle oder randlose Brillen, für die er sich entschied. Es war auch einmal eine kleine, runde Nickelbrille dabei, die John Lennons Markenzeichen war. So bebrillt kam er die nächsten zwei Jahrzehnte ohne größere Sehprobleme über die Runden.

Als er dann älter wurde, merkte er, wie seine Sehkraft zusehends nachließ. Die Stärke seiner Brillengläser wurde vom Optiker entsprechend angepasst, und bereits im Alter von Anfang 50 musste er sich einer Katarakt-OP unterziehen, denn er litt am „Grauen Star" und folgerichtig wurden ihm nacheinander in beiden Augen Kunstlinsen eingesetzt. Dies erfolgte ambulant mit lokaler Betäubung und verlief, so salopp drückte sich der beleibte Arzt aus: wie „Brezelbacken". Die beiden Eingriffe hatten bei Gero keine Komplikationen zur Folge; jedenfalls glaubte er das bis zu seiner nächsten Augen-OP circa 25 Jahre später.

Mit diesen künstlichen Sehhilfen kam Gero jedenfalls weitere rund zwanzig Jahre ganz gut zurecht. Am Rande sei erwähnt, dass er aufgrund seiner Erfahrungen für das Thema Augen und Sehkraft inzwischen so sensibilisiert war, dass er sich Mitte der 1980er Jahre bei einem Jackson Browne-Konzert in Köln, das er zusammen mit Marie besuchte, ihr gegenüber als ersten Titel „Doctor, my Eyes" wünschte, und der Musiker erfüllte ihm tatsächlich diesen Wunsch und startete seinen Auftritt mit diesen Zeilen:

Doctor, my eyes have seen the years / And the slow parade of fears without crying / Now I want to understand / (...) / You must help me if you can.

Ungefähr ab dem 70. Lebensjahr trübten sich seine Augen wieder derart, dass er ärztlichen Rat einholen musste. Eine Laserbehandlung gegen die Nachtrübung der „zweiten Linsen" und die Anwendung spezieller Tropfen halfen auch nicht spürbar weiter. Besonders schlecht war es morgens um sein Sehvermögen bestellt, da sich die verdickte, poröse Hornhaut über Nacht mit Flüssigkeit gefüllt hatte und so einen grauen Schleier vor den Augen bildete. Er sah sozusagen alles wie durch einen feuchten Duschvorhang. Selbstironisch kommentierte Gero das wie folgt: „Wenn du alles nur noch verschwommen siehst, brauchst du nicht mehr ans Meer zu fahren." So richtig trösten konnte ihn dieser Spruch aber auch nicht. Nach mehreren Diagnoseetappen stand schließlich das ernüchternde Resultat zweifelsfrei fest: Er litt an einer Hornhautdystrophie, verbunden mit einem Hornhautödem, und Abhilfe wäre nur durch eine Hornhauttransplantation, eine sog. Keratoplastik, möglich. Nach einer Zweit- und Drittmeinung (auch an der Uni-Klinik Köln) entschied er sich für die Uniklinik seiner Heimatstadt Düsseldorf, nicht zuletzt aufgrund der Nähe zu seiner Wohnstätte, denn die liegt gerade mal zehn Minuten entfernt und ist somit auch zu Fuß bestens zu erreichen. Insgeheim hoffte er außerdem auf Krankenbesuch vor allem von Marie. Nach intensiver Voruntersuchung ließ er sich dort 2019 auf die Warteliste setzen. Danach wurde er dreimal angerufen wegen eines möglichen OP-Termins in der Folgewoche, zweimal nahm er den Termin nicht an, erstens weil er gerade intensiv mit anderen Projekten beschäftigt war: (a) mit seinem autobiographischen Episodenbuch und (b) zusammen mit seinem Aphorismus-Kollegen und Freund Florian mit der Fertigstellung des Handbuchs „Aphoristisches Schreiben“; nicht zuletzt lag es aber auch an den hohen Corona-Infektionszahlen und daran, dass er noch nicht zweimal geimpft worden war.

Als er dann Mitte Juni 2021 ein drittes Mal angerufen wurde, hatte er keine guten Argumente mehr für eine Verschiebung bzw. gegen den OP-Termin: die Schreibprojekte waren abgeschlossen, und die Coronakrise war deutlich abgeebbt. Nun hatte er sich also eine Woche später, genau für den 22. Juni 2021 fest für die Augen-OP vormerken lassen. Der Hauptgrund dafür war, dass er immer mehr unter dieser Sehschwäche litt, sei es beim Lesen und Schreiben (dies ging nur noch mit Lupe) , beim Tennisspielen und beim Autofahren. Hier entschied er sich immer häufiger für Bus und Bahn. Wie sehr er sich unbewusst immer noch gegen diese OP sträubte, zeigte sich daran, dass er am Dienstag, den 22. Juni um 12 Uhr zwar zu den nötigen Aufnahmeformalitäten und Voruntersuchungen in die Klinik ging, allerdings ohne eine Tasche mit den nötigsten Kleidungsstücken und Utensilien, weil er fälschlicherweise glaubte oder sich einredete, er könne nach den Untersuchungen und Vorgesprächen wieder nach Hause, um erst am nächsten Tag rechtzeitig zur OP zu erscheinen. Da hatte er sich aber mächtig getäuscht, denn die Aufnahmemodalitäten sahen unmissverständlich vor, dass ihm am Dienstag spätestens um 13:30 Uhr sein Krankenhauszimmer und –bett zugewiesen wurde. Somit blieb ihm nichts anderes übrig, als um 13 Uhr rasch nach Hause zu laufen, seine Tasche zu packen und sich pünktlich um 13.30 Uhr auf der Station einzufinden. Dort in der 1. Etage nahmen ihn auch gleich die Schwestern in Empfang, besser gesagt seine Tasche, und schickten ihn mit seinem Zimmergenossen wegen des erforderlichen Vorgesprächs erst einmal zur

Anästhesie-Besprechung – und das mit den Worten, sein Bett im Zimmer 37 sei ohnehin noch nicht fertig. Da die Anästhesie-Abteilung in einem ganz anderen Gebäude, dem modernen Operationszentrum, mitten auf dem weitläufigen Klinikgelände liegt, wurden sie mit einem Krankentransporter dorthin gefahren. Die Wartezeit dort in der Anästhesie zog sich hin, so konnte er wenigstens seinen neuen Zimmernachbarn namens Charlie etwas kennenlernen. Er hatte viele Jahre in Düsseldorf gelebt, wohnte jetzt am Niederrhein und war von Anbeginn ein ruhiger und sympathischer Gesprächspartner, der Sinn für Humor und Geros Wortspiele (z.B. den Vergleich mit dem Rocksong „Under Pressure") hatte. Als Schauspieler hat er schon viele Rollen u.a. auch in Tatort-Krimis übernommen. Leider hat ihn seine Frau wegen der Entfernung vom Wohnort kein einziges Mal besuchen können.

Der junge Arzt, der dann das aufklärende Gespräch mit Gero führte, war weder besonders engagiert noch empathisch. Er wiederholte lediglich einige der Fragen des bereits ausgefüllten Anamnesebogens; er begutachtete Geros Gebiss, wunderte sich über die Färbung seiner Zähne und fragte unverhohlen, ob er Raucher sei. Gleichermaßen verwundert war er, als er hörte, dass Gero Tennis spielte. Sein ungläubiger Kommentar: Wie war das denn mit dieser Sehschwäche überhaupt möglich? Ein Medikament, das Gero täglich wegen seiner vergrößerten Prostata nimmt, fand schließlich sein größtes Interesse. Er fragte, ob Gero denn wisse, was er da nehme und dass selbst junge Männer dazu greifen, um etwas gegen ihren Haarausfall zu tun. Gegen Ende des Gesprächs kam die Anästhesie-Ärztin in den Raum, um dem jungen Arzt knapp, aber bestimmt mitzuteilen, er müsse jetzt länger bleiben, da sie sich nicht wohlfühle und nun nach Hause müsse... (Deutete sich da schon was an für den nächsten Tag?)

Die beiden Augen-Patienten mussten dann noch lange auf den Rücktransport in die Augenklinik warten. Einer der beiden Fahrer war ein ganz besonders witziger Bursche, denn er fragte die beiden auf dem Weg zum Wagen, ob sie jetzt eine Tasse Kaffee haben möchten: schwarz oder mit Milch und dazu ein Stück Kuchen. Gero wollte sich gerade auf seinen Jux einlassen und bestellte einen Cappuccino und ein Stück Erdbeerkuchen, da bog der Spaßvogel bereits ab, um selber in die nahegelegene Cafeteria zu gehen. Gern wäre Gero ihm zur nachmittäglichen Abwechslung gefolgt, immerhin hatte er bei ihm den Appetit auf eine Tasse Kaffee und zumindest etwas Gebäck geweckt. Auf der Augenstation wurde ihnen dann das Zimmer 37 zugewiesen; Geros rote Reisetasche stand schon im Spind vor seinem Krankenbett, und auf dem Tischchen vor seinem Bett stand ein Tablett mit schwarzem Kaffee und einem Stück Sandkuchen. Der Kaffee war für ihn zu stark und ungenießbar und der Kuchen hielt, was der Name versprach. Jetzt war Gero endgültig im Klinikalltag angekommen, und der hat bekanntlich seine ganz eigenen Gesetze. Und die sollte Gero nun zehn Tage lang ausgiebig kennenlernen.

Zu den unangenehmen Begleitumständen der Tage in der Klinik zählte der gemeinsame Waschraum mit Dusche und Toilette. Nicht nur, dass zwei Personen des Zimmers 37 ihn nutzten, nein, auch die Patienten vom Zimmer daneben. Falls besetzt war, leuchtete oberhalb der Tür eine Lampe auf, die Gero jedoch von seinem Bett in der Ecke kaum sehen konnte – auch ohne seine Sehbehinderung. Also musste man sich daran gewöhnen, immer reaktionsschnell den richtigen Augenblick abzupassen und den Raum für sich zu nutzen. Das war für Gero insbesondere nach der OP sehr schwierig, da plötzlich eine leichte Verstopfung ins Gegenteil umschlug. Einmal rollte auch eine ältere Patientin aus dem Zimmer 36 in ihrem Rollstuhl in ihr Zimmer: sie hatte im WC schlicht und einfach die Orientierung verloren, d.h. die Ausgangstür verwechselt. Sein Zimmernachbar Charlie wies kurz daraufhin: „Sie müssen jetzt den Rückwärtsgang einlegen."

Bei seiner Augenuntersuchung durch einen der jungen Assistenzärzte nach dem eher kargen Nachmittagskaffee ist Gero dann wahrlich „vom Hocker gefallen". Als der Arzt ihn aufforderte, sich auf den STUHL hinter dem Mikroskop zu setzen, nahm er die Bezeichnung wortwörtlich und wollte sich anlehnen. Da es sich jedoch um einen schlichten HOCKER ohne jegliche Lehne handelte, fiel Gero tatsächlich halb rückwärts, halb seitwärts von besagtem Hocker, konnte sich jedoch noch reaktionsschnell seitwärts abrollen, so dass ihm bei diesem Sturz außer einem kleinen Schrecken nichts passiert ist. Statt den jungen Arzt auf den feinen Unterschied zwischen diesen beiden Sitzmöbeln hinzuweisen, nahm er diesen Vorfall mit aphoristischem Gleichmut und notierte danach diesen Spruch in seiner Kladde „Wenn du zwischen allen Stühlen sitzt, kann du nicht vom Hocker fallen." Insgesamt mangelte es dem jungen Arzt ohnehin an Humor und Souveränität. Bei einer anderen Untersuchung mit dem Lasergerät wies Gero ihn darauf hin, dass er sein nicht operiertes, rechtes Auge gerade im Visier hatte, da antwortete er nur brüsk, er mache das hauptamtlich. Was generell das Informationsgefälle im Klinikalltag betrifft, so hat es Gero unter der Überschrift „Klinische Dosis" kurz auf diesen Nenner gebracht: *Die Information vom Arzt zum Patienten wird nach wie vor tröpfchenweise verabreicht.*

Die Nacht vor der OP kam Gero besonders lang vor. Seine ängstlichen Gedanken und den Lärm von der Mooren-Straße, die direkt am Klinikgebäude vorbeiführt, versuchte er durch das Abhören seines Hörbuchs („Olympiade" von Volker Kutscher) zu überdecken oder gar zu vertreiben. Gott-sei-Dank ging dann aber auch diese Nacht irgendwie vorüber. Um 5:30 Uhr ging es im Klinikalltag (oder auch Krankenvollzug) wieder richtig los: erst die Medikamente, dann die Messungen des Blutdrucks, des Blutzuckers und der Temperatur (und das jeweils 3x am Tag); anschließend wurden ihnen die lächerlichen OP-Hemden überreicht und die Zeiten für die anstehende OP mitgeteilt: Geros OP war für 9:30 Uhr angesetzt, die für den Zimmerkollegen Charlie für 10:15 Uhr. Eine Stunde vorher wurden sie jedoch unplanmäßig noch einmal ins Arztzimmer gerufen; dort wurde ihnen nacheinander im Einzelgespräch vom Oberarzt lakonisch mitgeteilt, dass heute die Anästhesie-Ärztin ausfalle; die OP könne aber bei lokaler Betäubung durchgeführt werden. Dazu brauche er jedoch eine schriftliche Einwilligung. Da er die Frage, ob das auszuhalten sei, bejahte, willigte Gero, wenn auch schweren Herzens, ein, und das aus einem einzigen Grunde: Er war jetzt innerlich darauf eingestellt und hatte keine Lust, noch einen Tag länger auf die OP zu warten und dadurch die Verweildauer in der Klinik zu verlängern. So hat sich übrigens auch Charlie entschieden. Mit etwas Verspätung wurde Gero dann in seinem OP-Hemdchen auf seinem Krankenbett in die OP-Station im Keller transportiert. Dort wurde er in einem Vorraum für eine längere Zeit „geparkt". Leider musste er da das erbärmliche Jammern eines frisch operierten Kindes und die tröstenden, aber wirkungslosen Worte der Mutter und mehrerer Schwestern mit anhören, die ihn auch nicht beruhigten, im Gegenteil. Endlich wurde er ohne Vollnarkose in den OP-Saal gerollt; dort musste er sich dann nur auf den OP-Tisch verlagern. Von der grüngewandeten OP-Schwester erhielt er einen Gummiring für die Hände, um sich bei stärkeren Schmerzen daran festzuhalten. Schließlich wurde er noch zu seiner eigenen Sicherheit auf dem OP-Tisch festgezurrt. Nach Anlegen der Gesichtsbedeckung mit Öffnung für das zu operierende Auge und den ersten Betäubungstropfen konnte die OP beginnen.

Die OP war für Gero ein äußerst zwiespältiges Erlebnis: Zum einen war er Beobachter eines wahren Farbspektakels, verursacht wahrscheinlich durch die Laserstrahlen, zum anderen überkamen ihn zwischendurch derartige Schmerzen, dass er sich tatsächlich am Ring festklammerte oder zusammendrückte, sein Körper sich sogar leicht auf dem OP-Tisch aufbäumte. In solchen Momenten legte der Operateur eine kurze Pause ein, sagte „Raucherpause", und die Schwester verabreichte Gero erneut eine Dosis der Betäubungstropfen. Die OP dauerte immerhin eine Dreiviertelstunde. Gero versuchte sich ganz auf den Farbenrausch der Bilder zu konzentrieren:

Abstrakte Kompositionen wechselten ab mit grün-gelben Naturimpressionen und gar der rötlich-braunen Oberfläche eines Planeten. Das gelang ihm auch ganz gut, dennoch war er überaus froh, als er die Worte vernahm: „Gleich haben wir es geschafft, nur noch zwei Heilspritzen, die etwas pieken." Und wie die dann piekten... Doch danach hatte er es überstanden. Die beiden Patienten vom Zimmer 37 galten auf der Station als „die Lokalen", für manchen gar als „lokale Helden", zumindest an diesem Tag.

Nach der OP war erst mal Erholung angesagt, allerdings immer wieder mit den Unterbrechungen für die Messungen, das Essen und nun auch mit den beinah im halbstündlichen Turnus verabreichten Tropfen. Erschwerend hinzu kam die ärztlich verordnete gestreckte Rückenlage. Besonders lang wurden so die Nachtstunden, die Gero sich durch die Hörbücher zu verkürzen suchte: nach dem Roman „Olympia" von Volker Kutscher kam nun der spannende Psychokrimi von Michael Robotham über die traumatisierte „Evie" dran. Zwischendurch hörte er auch über sein Handy die Berichterstattung im Radio über die Fußballspiele der EM. Da viele davon in die Verlängerung gingen oder gar erst durch Elfmeterschießen entschieden wurden, dauerten die Berichte fast bis Mitternacht. So rettete sich Gero bis in die frühen Morgenstunden, um ab da wieder ein funktionierendes Rädchen im Alltagsgetriebe der Station zu werden. Zu einer willkommenen Abwechslung zählte die Situation, in der er einer Pflegerin, die aus Vietnam kam, die Frage stellte, ob sie denn den Song „Vietnam" kenne. Sie verneinte, googelte aber gleich und hörte ihn sich an. Sie lächelte, nickte mit dem Kopf und fragte zurück „von Jimmy Cliff"? Da nickte Gero bestätigend. Einer anderen Pflegerin namens Angela, deren Eltern aus Albanien stammen, nannte er ein albanisches Sprichwort, das zufälligerweise auch was mit dem Sinnesorgan der Augen zu tun hat: *Wer lesen und schreiben kann, hat vier Augen.*

Bei der wiederholten Kontrolle seines operierten Auges durch den Chefarzt ergab sich eine Auffälligkeit. Er entdeckte nämlich einen

Partikel an der Peripherie der neuen Hornhaut, der da wirklich nichts zu suchen hatte. Er war selber in höchstem Maße über dieses Phänomen erstaunt und vermutete den Rest eines Glaskörpers, der bei der lange zurückliegenden Operation am „Grauen Star“ im Auge verblieben sein könnte. Dieser Fremdkörper bedeutete für Gero eine überraschend angesetzte zweite OP, aber dieses Mal unter Vollnarkose. Sie dauerte nur eine Viertelstunde, von der er überhaupt nichts mitbekam. Ungewöhnlich war hierbei, dass er, während die Anästhesie-Ärztin an seinem linken Arm einen Zugang zu einer Vene suchte, mit seiner rechten Hand blindlings ein Blatt unterschreiben musste, mit dem er die Einwilligung zu dieser plötzlichen Narkose gab. Durch diese „Nachbesserungs-OP“ erhöhte sich die Verweildauer in der Klinik leider auf insgesamt zehn Tage, er brauchte also, wie viele EM-Qualifikationsspiele, auch eine Spielverlängerung. Gottlob kam er immerhin ohne Elfmeterschießen aus.

Sein Zimmernachbar Charlie hatte das Glück, wie geplant drei Tage früher das Krankenhaus verlassen zu können. Als Gero sich gegenüber Angela, einer der ihn fast durchgehend betreuenden Pflegekräfte, etwas enttäuscht äußerte, weshalb ausgerechnet er nun länger bleiben müsse und Charlie schon nach Hause dürfe, meinte sie in entwaffnender Kürze, der habe ja auch größere Augen. Das musste sie in der Tat wissen, denn den hatte sie ja auch genauso oft getropft wie Gero. Charlies Nachfolger im Zimmer 37 war übrigens weniger angenehm: Tagsüber räusperte er sich ständig und in der Nacht schnarchte er phasenweise heftig; er zählte ohnehin eher zu den humorlosen Zeitgenossen. Ein Glück, dass Gero seinen Discman und seine Kopfhörer dabei hatte. Nun kamen das extrem satirische Hörbuch „Omama“ der österreichischen Kabarettistin Lisa Eckhart zum Einsatz und eine wirksame Schlaftablette, die ihm Marie besorgt hatte. Denn die Baldrian-Pillen von der Nachtschwester hatten in der Nacht zuvor nicht die erhoffte Wirkung gezeigt. Überhaupt waren die täglichen Besuche von Marie, die immer einen aktuellen Schnelltest vorweisen musste, die jeweiligen Lichtblicke des Tages.

Erfreulich auch, dass die Vollnarkose ohne negative Folgen geblieben ist. Gero erinnerte sich noch gut an die anhaltende Übelkeit nach seiner Meniskus-OP im Sportkrankenhaus Hellersen vor rund 50 Jahren. Da lag er übrigens, wie ihm damals die Pflegekräfte stolz mitteilten, genau in dem Krankenbett, in dem der legendäre Dortmunder Fußballer Lothar Emmerich (auch die „linke Klebe" genannt) gelegen hatte. Dieses Mal erholte Gero sich schnell von der OP, und der Chefarzt zeigte sich bei den folgenden Kontrollen zufrieden mit dem Ergebnis des zweiten Eingriffs und dem Heilungsverlauf, so dass er am dritten Tag nach der zweiten OP nach Hause entlassen wurde – mit einem detaillierten *handgeschriebenen!* Tropfenplan für die nächsten 14 Tage (und zwar 14 x täglich drei unterschiedliche Tropfen) bis zum Kontrolltermin am 22. Juli. Am Morgen seiner Entlassung wollte er seiner Pflegerin Angela, die ihn häufig versorgt hatte, noch eine Dose mit etwa 15 Euro als Dank an sie und die anderen vom Pflegeteam überreichen. Als er ihr das mit den passenden Worten übergeben wollte, unterbrach ihn die junge ebenfalls dunkelhaarige Frau mit den Worten: „Ich bin doch gar nicht die Angela, ich bin die Natalie!" Tja, so kann es gehen, wenn man sich nicht mehr auf seine Augen verlassen kann. Hauptsache, er konnte nun auch nach Hause und für sich den Song anstimmen: „Jumping Jack Flash – It´s a gas!" Den hatte Charlie schon drei Tage vorher auf den Lippen, nur konnte Gero zu diesem Zeitpunkt noch nicht mit einstimmen.

Erfreulicherweise gibt es auch ein Happyend bei dieser Klinikepisode. Am 4. Tag stellte sich daheim auch eine deutliche Verbesserung der Sehkraft auf seinem linken Auge ein. Sollte sich der ganze Einsatz doch gelohnt haben? Sein subjektives Empfinden stimmt dem frohgemut zu, doch warten wir die nächste Kontrolle durch den Chefarzt ab. Eines steht allerdings jetzt schon fest: An das neue scharfe Sehen (zumindest mit dem linken Auge) muss sich Gero erst noch gewöhnen. An eines wollte und will er sich nicht gewöhnen und möglicherweise so enden wie sein Opa Johann, der Vater seines Vaters, der, als er so alt war, wie Gero jetzt, häufiger mit seinen Händen nach Kirschen auf dem Tisch neben seinem Bett griff, jedes Mal vergeblich, denn bei den Kirschen handelte es sich um Motive auf der Tischdecke. Auch Geros Vater kann in dieser Hinsicht kein Vorbild sein, dem er nacheifern sollte. Er wechselte im Alter unaufhörlich, manchmal im Minutentakt, seine Brillen, um zu testen, mit welcher er denn am besten sehen konnte.

Resümierend bleibt festzuhalten, dass für seinen Vater und Großvater zu ihrer Zeit eine solche Hornhauttransplantation noch nicht möglich war oder nicht infrage gekommen wäre. Insofern hat Gero in diesem Falle das Glück der späteren Geburt. Da nimmt er doch gern die Prozedur des regelmäßigen Tropfens auf sich; der Umgang mit den verschiedenen Tropfentypen fällt ihm mittlerweile immer leichter, er verkehrt mit ihnen inzwischen per Du und spricht sie dann und wann auch schon mal mit ihren Kurz- und Rufnamen an, also Spersa (für Spersacarpin), Mono (für Monodex) und Oflox (für Ofloxacin). Mit anderen Worten: Es geht Tropfen für Tropfen fließend voran. Und als aphoristisches Fazit hat Gero während seiner „Tropfenorgie" daheim (sage und schreibe 14 x täglich) notiert: „Aus den Tränen des Trübsinns tropft wieder neue Zuversicht." Oder alles andere als prosaisch oder lyrisch ausgedrückt: Er tröpfelt sich durch den Tag und kommt sich nicht mal „bedröppelt" vor.

P.S.: Der Kontrolltermin am 22. Juli ergab, dass er nur noch fünfmal am Tag tropfen und vor dem Schlafengehen eine Salbe verwenden müsse. Als nächster Kontrolltermin wurde vom Chefarzt der 2. September genannt. Mit diesem Ergebnis und dem neuen Rezept verließ Gero die Klinik frohgelaunt und hellsichtiger denn je. Und vielleicht gibt es ja nach sechs Wochen auch ein Wiedersehen mit Charlie... Daheim hörte sich Gero - aus bekanntem Anlass - gleich den Stones-Titel „Jumping Jack Flash – It´s a gas" an, um den Refrain lautstark mitzusingen: Well it´s alright / In fact it´s a gas / I´m

Jumping Jack Flash / It´s a gas, gas gas.(In deutscher Übersetzung: „Doch jetzt ist alles wieder gut / Sogar richtig klasse / Ich bin der „Hampelmann-Blitz" / Es ist richtig toll!") Danach kam ihm zur weiteren Untermalung seiner guten Laune noch der passende Song von Johnny Nash in den Sinn „I can see clearly now / (...) Gone are the dark clouds that had me blind / It´s gonna be a bright sunshine day". Der müsste doch auch in seiner umfangreichen Oldie-Plattensammlung zu finden sein...

26) Geschwätzige oder leichtgewichtige Gesellschaft

Seit geraumer Zeit fahre ich innerstädtisch immer öfter mit öffentlichen Verkehrsmitteln, also mit Bus und Bahn. So habe ich keine Parkprobleme in der Stadt, und der ÖPNV befördert mich zudem auch kaum langsamer zu meinen Zielstationen. Was mich bei diesen Fahrten allerdings in besonderem Maße nervt, sind nicht so sehr die Tarife, ist nicht der bisweilen ruppige Fahrstil der Busfahrer, es sind vielmehr die geräuschvollen Randerscheinungen im Innenraum, in erster Linie die oft nicht enden wollenden Handy-Gespräche um mich herum. Als smart empfinde ich die Phones schon lange nicht mehr.

An die ständige Fummelei der Mitfahrenden an ihren Mobilfunkgeräten habe ich mich inzwischen schon gewöhnt, da schaue ich kaum noch hin; es scheint, als ob sich die Mehrheit der Menschheit nur noch haptisch-visuell zu beschäftigen weiß, vielleicht glauben einige auch, sie seien auf diese Weise immer am Drücker und fürchten gar, ohne ihr Gerät seien sie gehandicapt. Was ich zugegebenermaßen ab und zu bewundere, ist das schon artistische Huschen der flinken Daumen über das Display ihrer Smartphones. Diese Finger scheinen durch das ständige Training bei einigen Mitmenschen auch schon sichtbar länger geworden zu sein.

Was ich jedoch nicht übersehen, bzw. besser gesagt, überhören kann und mich immer mehr stört, ist die lautstarke Telefoniererei; es handelt sich schon um eine neue Zivilisationserkrankung: Nach Tinnitus jetzt Telefonitis oder kombiniert Teletinnitus. Vielleicht sollte ich mir demnächst auch Kopfhörer oder so schicke weiße Ohrstöpsel auf- bzw. einsetzen wie fast alle anderen um mich herum. Viele sehen so aus, als hätten sie ihre elektronischen Zahnbürstenaufsätze irrtümlich ins Ohr gesteckt. Personen, zumal jüngere, die im Bus ein Buch lesen, sieht man nur noch äußerst selten, obwohl es nach wie vor die energiesparendste Form des Zeitvertreibs ist. Ich habe zunehmend den Eindruck, als sei ich nur noch von hyperaktiven und geschwätzigen Menschen umgeben, die ihr Menschenrecht auf grenzenlose Redefreiheit (so lautete vor Jahren der Werbeslogan einer Telekommunikationsfirma) in Anspruch nehmen, und das in allen weltweit möglichen Sprachen. Das Zauberwort heißt „flat rate"; und genau so flach wie die Gebühren scheinen auch die Gespräche zu sein.

Zu allem Überfluss verlaufen solche Gespräche auch immer recht laut, weil die Geräusche in Bus und Bahn ja übertönt werden müssen. Auch die ehemalige, mitmenschliche Devise „Fasse dich kurz" hat längst ausgedient. Meines Wissens gibt es in der österreichischen Hauptstadt Wien die Vorschrift, das Handy in den öffentlichen Verkehrsbetrieben nicht zum Telefonieren zu benutzen – aus Rücksichtnahme den anderen Mitfahrenden gegenüber. Das Wort „Respekt" wird zwar überall plakatiert, scheint aber immer nur für andere zu gelten. So betrachtet, habe ich also die lauten Vielschwätzer zu respektieren; sie stillen (welch ein paradoxes Wort in diesem Zusammenhang!) ja nur ihr ausgeprägtes Mitteilungsbedürfnis. Da sie selber meist zugestöpselt sind, kriegen sie ohnehin nicht mehr viel von ihrer Umgebung mit, vor allem nicht, in welcher Lautstärke sie eigentlich sprechen und dadurch andere belästigen.

Rückblickend glaube ich, es waren der sogenannte Fortschritt in der Telekommunikation und die verlockend niedrigen Tarife, die es überhaupt erst ermöglichten, ohne zeitliche Beschränkung rund um den Globus zu telefonieren. Oder liegt es schlichtweg daran, dass man sonst nichts Sinnvolles zu tun hat oder es nicht mehr aushält, mal länger als eine Minute nichts zu tun, einfach mal ruhig dazusitzen, wie es vordem in einem Sketch schon Loriot vorgemacht hat. Manchmal denke ich aber auch, ob es nicht auch sein kann, dass die Telefonate einiger vereinsamter Menschen im Grunde getarnte Selbstgespräche sind? Es könnten versteckte Hilferufe sein. So betrachtet, bräuchte man psychologische Betreuungsangebote im ÖPNV. Merkwürdig, dass mir in diesem Zusammenhang wieder einmal das folgende Zitat von Shakespeare einfällt: *Wo Worte selten, da haben sie Gewicht.*

27) Auch Bodenständige können schon mal abheben …

Wenn jemand den Titel „Meister der Heimatverbundenheit oder Bodenständigkeit" verdient hat, dann ist es Gero, denn er ist zeitlebens nicht über den eng bemessenen Umkreis seines Elternhauses hinausgelangt. Und falls dieses Mal nicht zu umgehen war, dann war es immer nur für einen überschaubar kurzen Zeitraum; man könnte überspitzt sagen: die Nabelschnur wurde im Grunde nie richtig gekappt. Denn dort, wo er fünf Monate nach dem Ende des II. Weltkriegs geboren wurde, lebt er jetzt im Alter von fast 78 Jahren immer noch. Die nahegelegene Geburtsstation der Universitätskliniken ist vom ehemaligen Elternhaus sogar zu Fuß gut zu erreichen.

„Heimat" oder „Heimatliebe" waren für ihn bislang kein Thema, um das er sich ernsthaft und länger gekümmert hätte; er wusste sie unbewusst zu schätzen, obwohl er und seine Eltern oder Großeltern nicht zu den Heimatvertriebenen zählen. Jetzt im höheren Alter fragt er sich häufiger selbst, worauf seine Heimatverbundenheit wohl zurückgeführt werden könne. Dieses neu entfachte Interesse kommt keineswegs daher, dass er mit seiner gegenwärtigen Lebenssituation unzufrieden sei; nein, eher das Gegenteil ist der Fall: er fühlt sich zuhause in seinem gewohnten Umfeld ausgesprochen wohl, so dass er auch keine Veränderungswünsche hegt. Diesem Satz von Karlheinz Deschner kann er somit voll und ganz zustimmen: *Heimat ist nicht dort, wo man wohnt, sondern wo man liebt und geliebt wird.* Und bei Gero stimmt sogar beides, die Wohnsituation und die emotionale Stimmungslage.

Also muss Gero bei seiner Motivsuche wesentlich früher ansetzen. Woher kommt bei ihm diese ausgeprägte Bodenständigkeit, möglicherweise auch die Furcht vor etwas Neuem, Unbekanntem, vielleicht sogar Unheimlichem? Der Aphoristiker Gerhard Uhlenbruck nennt *„das Gegenteil von Heimat: das Unheimliche"*. Als Kind hatte

Gero einmal so heftig Heimweh, dass ihn sein Vater vorzeitig aus den Sommerferien abholen musste. Die Oma in der Pfalz, im kleinen Ort Offenbach am Glan, konnte machen, was sie wollte, Gero hielt es dort, fern von daheim, nicht mehr aus. Er war im wahrsten Sinne krank bis „an den Wurzeln" oder bis ins Mark; man könnte es treffenderweise auch *heimwehleidig* nennen.

Dieses unstillbare Heimweh stellte sich ein, obwohl es ihm als Scheidungskind im Elternhaus, also daheim schon von Kindesbeinen an nicht leicht gemacht wurde. Die Erziehungsaufgaben waren in erster Linie der Haushaltshilfe und der Großmutter Anna überlassen, da die Mutter schon ausgezogen war, als Gero mal gerade zwölf Jahre alt war.

Diese, seine Heimatverbundenheit hat sicherlich auch nichts mit dem im Volksmund gebräuchlichen Bibelspruch „Bleibe im Lande und nähre dich redlich" zu tun. Es war wohl eher die grundsätzliche Ängstlichkeit der Oma väterlicherseits, die sich wahrscheinlich auf ihn übertragen hat. So kann sich Gero noch gut an die Panik erinnern, die in den 1950er Jahren der Halleysche Komet ausgelöst hat. Zudem löste jedes Gewitter bei Oma Anna wahre Todesängste aus; solange es blitzte und donnerte, betete sie, unablässig vor sich hin murmelnd, den Rosenkranz rauf und runter. All dies musste Gero von Kindesbeinen an hautnah miterleben, so dass ihm eine elementare Furchtsamkeit sozusagen unter die Haut gegangen ist. Aus diesen frühen angstbesetzten Erfahrungen resultiert womöglich auch die Herausbildung eines starken Sicherheitsbedürfnisses, gleichsam als Folge des Suchens nach einem festen Halt.

Hinzu kommt, dass Gero sich auch noch schwach an früheste Kindheitstage erinnern kann; wenn Besuch ins Haus kam, vor allem, wenn es sich um unbekannte Personen handelte, dann verzog er sich immer schon frühzeitig, ging also am liebsten einer Begegnung ganz aus dem Wege. Zweifelsohne gehörte er zu den Kindern, von denen man sagt, dass sie stark fremdeln.

Geros massive „Erdverbundenheit“ äußert sich auch in seiner Flugangst. Man könnte hier auch von einem Misstrauen in die Steuerung durch andere sprechen, um nicht sogleich das fehlende Urvertrauen zu bemühen. Er hat sich als Jugendlicher und junger Erwachsener zwar einige Male überwinden können, mithilfe von Rodavan, einer speziellen Beruhigungspille; doch nach dem Erlebnis eines Beinahe-Zusammenstoßes bei einem Rückflug von Olbia nach Düsseldorf setzt er sich in kein Flugzeug mehr. Er sah darin einen Fingerzeig des Schicksals. Bezeichnenderweise zählt jetzt der *Boden*see zu seinen bevorzugten Urlaubszielen.

In seinem Leben ist Gero zwar schon mehrmals umgezogen, jedoch immer nur im näheren Umfeld seines Eltern- bzw. Vaterhauses, mit anderen Worten: von der Himmelgeister Straße Nr. 338 in die Nr. 374; von dort in eine Wohnung des Hauses mit der Nr. 304; anschließend zog er weiter in die Nr. 310, um dann wieder ganz zurück in die Himmelgeister Straße 338 zu ziehen. Diese sprichwörtliche „Mobilität“ diente seinen Freunden bei einem seiner späteren, runden Geburtstage als Basis für einen Sketch, an dem die Gäste ihren Spaß hatten; Geros Begeisterung hingegen hielt sich da in Grenzen. Denn er fühlte sich irgendwie ertappt, führte ihm das nicht beispielhaft seinen mangelnden Mut bzw. sein Verhaftetsein im Altgewohnten oder gar seine Bequemlichkeit vor Augen? Ganz im Sinne des Ausspruchs von Wilhelm Lichtenberg: *Man sagt Heimat und meint die Bequemlichkeit des Altgewohnten.*

Übrigens das Mutigste, das Risikoreichste, das er als Kind und Jugendlicher unternommen hat, war sein sportliches Treiben. Er war geradezu fußballbegeistert und betrieb somit den Sport auch aktiv von der C-Jugend an, der ausgesprochen bodennah und zudem in einem kleinen Fußballverein ausgeübt wurde, der bezeichnenderweise wieder ganz in der Nähe zum Elternhaus, im Stadtteil Flehe lag. Dort im Vereinsheim gibt es immer noch ein inzwischen arg vergilbtes Foto, das die Meistermannschaft aus der Saison 1966/67 zeigt, in der Gero als zwanzigjähriger Stürmer einen erheblichen

Beitrag zum damaligen Aufstieg geleistet hat. Interessanterweise gibt es dort im Vereinsheim ein Schild, das unübersehbar über der Eingangstür angebracht wurde - mit dem handgeschriebenen Wort HEIMAT. Und tatsächlich war dieser Vorortverein TuSA Geros Heimatverein, den er erst später in den Mittzwanzigern verlassen hat, um eine Klasse höher zu spielen. Das Verlockende am neuen Verein war übrigens, dass er gut mit dem Fahrrad zu erreichen war, lag er doch im Volksgarten ganz in der Nähe des Stoffeler Friedhofs, mithin im Stadtteil Oberbilk, und der war schließlich kein unbekannter für Gero, ist er doch neun Jahre lang auf ein Gymnasium in diesem Stadtteil gegangen.

Auch seinen Studienplatz hat er sich nach leichter Erreichbarkeit ausgesucht, nicht München oder Hamburg, nein, das rheinische Bonn, immerhin mit dem Zug in weniger als einer Stunde zu erreichen; damals lautete der Werbespruch der Bundesbahn noch zu Recht: *Alle reden vom Wetter, nur wir nicht.* Bezeichnend ist, dass Gero sein Sportstudium nach einem schweren Unfall abgebrochen hat: er erlitt einen heftigen Trommelfellzerriss nach einem Sprung vom 5-m-Turm. Auch hier wurde ihm nachweislich leib- und schmerzhaftig vor Augen geführt, dass er doch lieber mit beiden Beinen auf dem Boden geblieben wäre. Die Höhenangst hat er wohl von seinem Vater geerbt; dieser mied Fahrstühle, wo er nur konnte, und war zeitlebens nicht dazu zu bewegen, sich im Opernhaus auf einen Balkonplatz zu setzen. Ganz so schlimm ist es bei Gero nicht, doch ab einer gewissen Höhe etwa auf einem Aussichtsturm oder einer Besichtigungsplattform weicht er doch lieber zurück.

Lediglich während der 15 Monate Dienstzeit bei der Bundeswehr musste Gero wohl oder übel sein Domizil vorübergehend in eine fernere Stadt, nämlich nach Lüneburg, verlegen. In diesem Zeitraum verging aber kaum ein Wochenende, an dem er nicht nach Hause gefahren ist, in seine vertraute Umgebung, um dort in seinem Heimatverein sonntags Fußball zu spielen und seine Freunde zu treffen.

Sein großer Bruder war da aus ganz anderem Holz geschnitzt. Gerade achtzehn Jahre alt geworden, verließ er schlagartig sein sogenanntes Heim, um bei der Bundeswehr, speziell bei der Marine in Kiel, sein Glück zu suchen und zu finden. Im Unterschied zu seinem jüngeren Bruder war er die reinste Wasserratte. Sein wahres Glück hat er dann allerdings auch erst viel später und ganz woanders, nämlich in München gefunden. Man kann auch seinen Weg in der näheren Umgebung machen, privat wie beruflich. Das war immerhin Gero vergönnt und hat ihn zu diesem versöhnlichen Kommentar inspiriert: *Auch Bodenständige können dann und wann abheben: auf heimischer Erde oder vertrautem Terrain.* Dazu passt schließlich, dass es im Alter vor allem die rote Erde ist, auf der er sich am liebsten sportlich bewegt, um Tennis zu spielen. Und das einzig Weit- und Hochfliegende sind dabei die gelben, filzbehaarten Bälle.

28) „Knolli-Brandy“ und „Fritz-Walter-Pokal“ – Was aus neun Jahren Schulzeit im Gedächtnis geblieben ist. Einige Erinnerungsanstöße anlässlich des Klassentreffens 2022

Der polnische Schriftsteller Andrzej Szczypiorski (1928-2000), Verfasser des Bestsellers „Die schöne Frau Seidenman“, wurde einmal gefragt, ob er sich noch an die schreckliche Zeit während des II. Weltkriegs erinnern könne. Daraufhin antwortete er „Eigentlich – erinnere ich mich nicht! Die Jahre verwischen die Erinnerung an Einzelheiten, man bewahrt in der Erinnerung eine Geste, einen Geruch, eine Farbe, aber keine Bilderfolge...“ Ähnlich ergeht es mir, wenn ich beginne, mich an Personen und Szenen aus meiner Schulzeit zu erinnern. immerhin waren es insgesamt dreizehn lange Jahre, von denen ich immerhin neun auf dem Lessing-Gymnasium in Düsseldorf-Oberbilk verbrachte. Auf dem Schulweg, etwa an der Haltestelle Kruppstraße / Ellerstraße beim Warten auf die Straßenbahn der Linie 6, im Sommer oder Winter, dachte ich so manches Mal: Nimmt diese Zeit denn gar kein Ende ... Zur Aufmunterung aß ich nach dem Unterricht mittags häufiger einen „Kopenhagener“, eine schmackhafte Schnitte aus der kleinen Bäckerei direkt gegenüber der Haltestelle.

Die Rahmendaten der „höheren Schullaufbahn“ sind noch genau zu benennen: Von der Sexta nach Bestehen der Aufnahmeprüfung (mit dem Stempelaufdruck „Reif für Sexta“ im Zeugnisheft) im Halbjahr 1955/56 bis zum Abitur Ostern 1965. Doch was hat sich seitdem ins Gedächtnis „eingebrannt“? In einem ersten Schritt der Annäherung fang ich mal stichwortartig mit einem wahllosen Kaleidoskop von Erinnerungsfetzen an: Unser fescher und sympathischer Klassenlehrer Dr. Schmücker / Gute bis sehr gute Leistungen ausgerechnet in Latein / Der Konkurrenzkampf um den Nimbus des Klassenprimus / Eine gute Tat zu Weihnachten in Gestalt einer Bescherung einer sozialschwachen Familie in Oberbilk, initiiert vom Religionslehrer Berg / „Lehreroriginale“ wie Mathelehrer

Ochs oder Physiklehrer Ackermann / Als abschreckendes Beispiel: Biologielehrer Dr. Schwarzer / Spannende Sportwettkämpfe im Rheinstadion: die Schulstaffel / Im Vorfeld wiederholte Ausscheidungsrennen gegen den Mitschüler Peter / Die Fahrten ins Schullandheim Hitzenlinde (Allgäu) / Die große Abschlussfahrt mit Schmücker nach Wien / Hänseleien von den Klassenkameraden bei einem Tischtennisturnier / Eine verräterische Episode in der Untersekunda / Mit der Fußballschulmannschaft bis ins Endspiel um den Fritz-Walter-Pokal / Glück bei der abschließenden Chemieprüfung in der Obersekunda / „Namhafte“ Klassenrabauken, die man nicht vergisst / Wenig inspirierter Kunstunterricht / Korrektur eines Lehrerfehlers in einer Englisch-Klassenarbeit / Mündliche Abiturprüfungen ausgerechnet in Mathe und Physik / Die Spendensammlung der Klassenkameraden für eine neue Selbach-Hose / Ab Untersekunda (1961) ein neuer gestrenger Klassenlehrer / Erfolgreiche Nachhilfe in Mathe durch den Mitschüler Karsten / Lebendiger Biologieunterricht durch einen Referendar / Eine „ausgefallene“ Party...

Im Folgenden werde ich auf einige erinnerungswürdige Episoden eingehen.

1) „Knolli-Brandy“ als Erziehungsmittel

Am deutlichsten steht noch der Auftritt vom untersetzten und bulligen Mathelehrer namens Ochs vor Augen. Er litt höchstwahrscheinlich unter Bluthochdruck und ließ sich von Schülern leicht aus der Fassung bringen. Einmal geriet er derart in Rage, dass ihm fast sein Gebiss aus dem Mund gefallen wäre; dies konnte er noch so gerade vermeiden, indem er schnell eine Hand vor seinen Unterkiefer hielt. Wenn er einen unaufmerksamen Schüler erwischte, was häufiger vorkam, dann griff er zu seinem ganz besonderen Erziehungsmittel und verpasste ihm einen „Knolli-Brandy“. Dies bedeutete ganz konkret, dass er den Haarschopf eines Schülers mit seiner fleischigen rechten Hand packte und dessen Kopf hin und her schüttelte. Diese schmerzhafte und eigentlich gar nicht witzige Aktion führte bei der restlichen Schülerschaft immer zu großer Erheiterung und spornte Ochs wiederholt zu neuen Taten an – getreu der Devise: „Leichte Schläge auf den Hinterkopf erhöhen das Denkvermögen." Bei ihm war es allerdings ein Wachrütteln. Manchmal ging er durch die Reihen, stellte eine Rechenaufgabe (zum Beispiel 19 x 17 = ?) und zeigte dann plötzlich auf einen Schüler; wenn der die Aufgabe nicht schnell genug lösen konnte, bekam er einen „Knolli-Brandy eingeschenkt", der war schließlich sein Markenzeichen; nach eigener Aussage von Ochs übrigens eine besonders hochprozentige Sorte von Kartoffelschnaps. Rückblickend kein Wunder, dass ich als Sextaner und Quintaner seinen Unterricht als angsteinflößend erlebte.

Studienrat Ochs war es auch, der dem einen oder anderen mathematisch weniger begabten Schüler unverhohlen riet, sich im Sekretariat doch das Formular zur Abmeldung von der Schule zu besorgen, die wären in Hülle und Fülle vorhanden und lägen da ansonsten bloß unnötig rum. Ochs zählte zu den seinerzeit noch im Schuldienst anzutreffenden urigen Pauker-Exemplaren, die man in vielen inzwischen historisch zu nennenden Pennäler-Filmen findet. Mit Sicherheit war er kein gehässiger oder zynischer Mensch, er war allerdings alles andere als ein guter Pädagoge; in alter Mathematiker-Manier schrieb er Stunde für Stunde die Tafel voll mit Gleichungen und dergleichen – in der irrigen Annahme, dass die Schüler das auch alles verstünden. Was aber nicht der Fall war; ich musste auch mal in einem Schuljahr private Nachhilfe bei einem Mitschüler namens Karsten in Anspruch nehmen, um die Aufgaben zu verstehen und in der nächsten Klassenarbeit zumindest die Note „ausreichend" zu erzielen.

2) Euklid und die Pyramiden

In der Mittelstufe war unser kerniger Mathepauker Ochs plötzlich aus dem Lehrerkollegium verschwunden, ganz ohne Vorwarnung oder Verabschiedung; und nach einer erfrischenden Zwischenphase mit dem jungen und sportlichen Lehrer Langwagen (er kam aus Spandau und war Wasserballer) kam ein kleiner, unscheinbarer und etwas verunsicherter neuer Mathelehrer, in Gestalt von B. Gerling. Von ihm ist mir noch in Erinnerung, dass er mit der offenen U-Form der Tischanordnung in unserem Klassenraum beim besten Willen nicht klar kam; er fühlte sich von Anfang an äußerst unwohl, da er von vorne nicht sämtliche Schüler im Blick hatte und sich von allen Seiten beobachtet fühlte. Also sorgte er mit Nachdruck dafür, dass die alte Tischordnung wieder hergestellt wurde, so dass er, wie er es von jeher gewohnt war, seinen Frontalunterricht „unbehelligt“ fortsetzen konnte. Kurz vor Ende einer seiner generell langweiligen Stunden, in der er ausschweifend über Euklids Beobachtungen und Messungen gesprochen hatte, rief er gegen Ende ausgerechnet mich auf, der schon selig dem Schlussgong entgegen dämmerte: Ich möge doch kurz zusammenfassen, was er gerade erklärt hatte. Völlig überrascht, nein aufgeschreckt, wie ich war, zog ich mich nach einer etwas längeren Besinnungspause mit diesen knappen, aber wohlgesetzten Worten aus der Affäre: „Euklid tat sich durch das Vermessen von Pyramiden hervor.“ Der Gong ertönte mitten im Satz und erlöste mich, Gerling senkte daraufhin nur seinen Blick und verließ kopfschüttelnd das Klassenzimmer. So ist dieser (für mich legendäre) Satz für immer unkommentiert geblieben. Einen ganz anderen Typ von Lehrer stellte übrigens der Oberstudienrat Ackermann dar, der uns in Physik unterrichtete. Er war groß und schlank und stellte eher den fachwissenschaftlich ausgewiesenen Dozenten dar. Erstaunlicherweise gelang es ihm, auch in unserer oft undisziplinierten Klasse als Sachautorität und Respektsperson anerkannt zu werden – und bis heute bei mir als Persönlichkeit in Erinnerung geblieben zu sein.

3) Ein Lehrer-Anti-Typ

Zu einem besonders sadistischen Pädagogen-Typus zählte der Chemie- und Biologielehrer Dr. Schwarzer. Er war alles andere als ein

Menschenfreund, noch weniger ein Kinderfreund – im Gegenteil: er muss Heranwachsende, zumal im direkten Umgang, gehasst haben. Was ihn überhaupt bewogen hatte, Pädagoge zu werden, diese Frage wird für alle Zeit unbeantwortet bleiben. Seinen Beruf hat er jedenfalls meilenweit verfehlt. Möglicherweise ist ihm als Promoviertem eine Hochschulkarriere verwehrt geblieben, und die Schule war für ihn so etwas wie eine Notlösung. Ich erinnere mich noch an eine Biologiestunde, in der er, von Anbeginn missgelaunt, der gesamten Klasse, mit immerhin über dreißig Schülern, eine einzige Aufgabe stellte, – und die bezog sich auf ein Wissensgebiet, das vorher im Unterricht überhaupt noch nicht behandelt worden war: Warum braucht Getreide Frost, um zu gedeihen? Diese kurze Frage wurde nun allen Schülern nacheinander in alphabetischer Reihenfolge gestellt, unerbittlich von A wie Altes bis W wie Wiege oder Z wie Zocher (da gab es in der Tat noch zwei hinter mir). Weil kein Einziger imstande war, eine auch nur annähernd richtige Antwort zu geben, kam jeder Schüler dran, und am Ende erhielten alle, ausnahmslos alle, eine 6, die Schwarzer geradezu genüsslich in sein rotes Notenbüchlein eintrug. So zog sich die Unterrichtsstunde zäh und unergiebig dahin bis zu ihrem sehnsüchtig erwarteten Ende. Sämtliche Schüler der Quinta oder Tertia verließen gedemütigt den Chemiesaal, ohne eine hilfreiche Antwort auf die anfangs gestellte Frage erhalten zu haben. Sinn und Zweck dieser Unterrichtsstunde erschloss sich einzig und allein der Lehrperson. Aus methodisch-didaktischer Sicht verdiente diese Stunde wahrlich eine glatte 6. Ein Mitschüler Günther kann diese Einschätzung von Schwarzer als Sadist nur bestätigen: Als er in einem Zeugnis in Biologie von „gut“ auf „mangelhaft“ fiel und seine Eltern einbestellt wurden, kam Günthers Vater von der Sprechstunde nach Hause und stellte unmissverständlich fest: „Dieser Mann ist ein Idiot.“ Günther fiel danach ein Stein vom Herzen.

Wie jähzornig und unbeherrscht der allseits gefürchtete Schwarzer sein konnte, zeigte sich in einer anderen Situation. Als sich die gesamte Klasse vor dem verschlossenen Chemiesaal versammelt hatte und auf ihn wartete, und das zum wiederholten Male, schwoll der Geräuschpegel im engen Schulkorridor doch erheblich an. Dieser Lärm wurde jedoch jäh unterbrochen durch ein Flugobjekt in Gestalt eines schweren Schlüsselbundes, der mitten durch die Traube der Schüler flog. Der unberechenbare Schwarzer, der nach mehreren Minuten überraschend aufgetaucht war, sorgte mit dieser überfallartigen Aktion sofort für Ruhe, für eine fassungslose Ruhe unter den Schülern. Es grenzt an ein Wunder, dass durch dieses Wurfgeschoss kein Schüler verletzt wurde. Ebenso plötzlich, von einem auf den anderen Tag, ebenfalls ohne Vorwarnung, tauchte Schwarzer im Lehrerkollegium des Lessing-Gymnasiums nicht mehr auf. Es muss sogar mitten im Schuljahr gewesen sein, denn unsere Klasse erhielt umgehend einen anderen, menschenfreundlichen Fachlehrer. Es muss wohl an den heftigen und gehäuften Beschwerden seitens der Schüler- und Elternschaft gelegen haben, dass das unsägliche Kapitel Schwarzer an Lessing ein Ende fand.

4) Ein Wink des Schicksals bei der Chemieprüfung und der „Halo-Effekt“

Hier noch eine persönliche Anekdote aus dem späteren Chemieunterricht. Als dieser nach der Obersekunda endete und noch eine Abschlussnote gesucht wurde, platzierte der neue Chemielehrer Hüter die Schüler, bei denen er noch nicht wusste, welche Note er ihnen abschließend geben sollte, in die hinteren Reihen der aufsteigenden Sitzbänke. Jeder erhielt von ihm eine gesonderte Spezialaufgabe. Ich gehörte zu diesen Prüflingen und musste eine äußerst schwierige Spezialaufgabe lösen, die ich beim besten Willen nicht lösen konnte, saß also etwas verloren mit gesenktem Kopf in einer der hinteren Sitzreihen, auf Abstand zu den anderen Schülern, und sah meine Abschlussnote ins Bodenlose fallen. Derweil lief der Unterricht mit dem Rest der Klasse weiter. In meiner Verzweiflung fiel mein Blick plötzlich – wie von selbst – auf das Ablagefach direkt vor meiner Bank – und was sah ich da: ein Chemie-Lehrbuch, unverkennbar und zum Greifen nah. Ein Wink des Schicksals? Da konnte ich nicht widerstehen, nahm das Buch auf meine Oberschenkel und blätterte vorsichtig darin, bis ich schnell die Lösung für meine Aufgabe fand. Soweit ich mich erinnern kann, ging es konkret um die Eigenschaft eines Elements im Periodensystem (möglicherweise die Dichte von Kohlenstoff). Ich schrieb die Zahl auf ein Blatt, jedoch nur bis zur ersten Zahl nach dem Komma. Das wundersame Lehrbuch schob ich dann unter dem Pult weit von mir weg. Der Chemielehrer war mit meinem Resultat vollauf zufrieden; so erhielt ich auf dem Zeugnis für Chemie die Abschlussnote „gut", und die ist damit vermerkt bis in alle Ewigkeit.

Apropos Abschreiben. Ansonsten habe ich so gut wie nie abgeschrieben oder gepfuscht. Es gab jedoch einen Fall, in dem ich einen Klassenkameraden habe abschreiben lassen. Es war im Deutschunterricht. Und da ich in diesem Fach immer recht gute Noten erhielt, schielte mein Nebenmann wiederholt zu mir rüber und gab mir zu verstehen, dass ich ihm meinen Aufsatztext rüberschieben sollte. Ich gab dem wiederholten Drängen schließlich nach, da ich kein „Kameradenschwein" sein wollte. Das Manöver klappte auch reibungslos; der Deutschlehrer, der zugleich Klassenlehrer war, hatte nichts gemerkt. Das Ergebnis dieser Täuschung sah allerdings so aus, dass mein Schulkamerad ein „ausreichend" erhielt und ich mal wieder eine gute Note. Was sagt das über die Notengebung aus? Es war halt der „Halo-Effekt" („Heiligenschein-Effekt"), der mal wieder gewirkt hatte.

5) Vom unfreiwilligen Konkurrenzkampf in Latein

In Latein hat mir übrigens mein gutes Gedächtnis oft geholfen - oder war es einfach Kalkül oder berechnende Cleverness? Denn schon bald merkte ich, dass unser erster Klassenlehrer, Dr. Schmücker, häufig in der darauffolgenden Stunde eine Frage stellte, die sich ganz konkret auf ein Thema bezog, das vorher behandelt worden war, auch wenn es sich bloß um einen speziellen Fachbegriff handelte, wie etwa „enklitisch" oder „Inversion". Auf diese Weise habe ich mehrfach eine gute Note erhalten – und das lediglich für meine Gedächtnisleistung. Hätte ich die Begriffe näher erklären müssen, hätte ich schlecht ausgesehen. Mit anderen Worten, es hat gereicht, ein bestimmtes Wort im richtigen Moment nachzuplappern. (Für die nach wie vor besonders Wissbegierigen hier die Auflösung: „enklitisch" heißt es, wenn eine Silbe wie que (und) als Suffix dem Wort(stamm) angeheftet wird, zum Beispiel in dies noctesque (deutsch: Tag und Nacht); das Stilmittel der „Inversion" bedeutet die Umkehrung der üblichen Stellung der Satzglieder, zum Beispiel „Hättest du doch geschwiegen." Anstelle von: „Wenn du doch geschwiegen hättest.")

Unser erster Klassenlehrer war zumindest für mich ein Glücksfall, er war umgänglich und sympathisch. In der Unter- und Mittelstufe hatte er Gefallen daran, Ronald und mich wiederholt in eine Konkurrenzsituation zu bringen, vor allem, was die Leistungen in Latein betraf. Immer wieder verglich er im Schuljahr die Noten der Klassenarbeiten und erklärte mal Ronald, was häufiger der Fall war, mal mich zum Primus. Obwohl ich mich durchaus in der Rolle des zweitbesten Schülers wohlfühlte, konnte ich mich nicht ganz diesem verlockenden Reiz der in mich gesetzten hohen Erwartung entziehen, dazu war ich wohl zu ehrgeizig. Allerdings in den Ruf eines Strebers wollte ich nun doch nicht gelangen. Als sich meine Interessen von Jahr zu Jahr immer stärker dem Fußball und später auch den Mädchen zuwandten, spielte ich folgerichtig in diesem Konkurrenzkampf keine Rolle mehr; ich war vielmehr froh, im Zeugnis in keinem Fach ein „mangelhaft" zu erhalten, um nicht in die Gefahr einer Nichtversetzung zu geraten. (Nur in einem Schuljahr erhielt ich einen Blauen Brief, worüber mein Vater natürlich alles andere als erfreut war. Doch im Grunde hatte er großes Vertrauen in meine Leistungsbereitschaft.) Alles in allem war ich also in meinen schwächeren Fächern, sprich Mathematik und Physik, auch mit den Noten „ausreichend“ und „befriedigend“ zufrieden. (Man vergleiche diese seinerzeit recht komfortable Situation mit dem gegenwärtigen Stress mit den Noten, in denen es um zehntel Punkte geht.) Meinen guten Leistungen in Latein hatte ich es auch zu verdanken, dass ich in der Oberstufe in diesem Fach Nachhilfe geben dürfte; auf diese Weise lernte ich auch Sabine kennen, die mit ihrer Mutter in Lierenfeld wohnte. Sabine konnte tatsächlich ihre Note in Latein deutlich verbessern, und ich lernte sozusagen im Gegenzug über sie die damals aktuellen Platten von Francoise Hardy kennen, u.a. „Tous les garcons et les filles“ (1962) und „L´amour s´en va“ (1963). Unvergesslich bis auf den heutigen Tag ist für mich der Besuch beim Live-Auftritt von ihr in Düsseldorf im Jahr 1964. Da habe ich dann wirklich bereut, dass ich Latein statt Französisch gelernt habe.

6) Nachhilfe durch einen Mitschüler in Mathe

In einem Schuljahr, in dem ich tatsächlich in meinen Leistungen nachließ (es muss 1963/64 in der Unterprima gewesen sein) hatte ich es Karsten zu verdanken, dass ich in den Mathematik-Klassenarbeiten kein „mangelhaft“ erhielt. In privaten Nachhilfestunden verstand er es, im Gegensatz zu unserem Fachlehrer, mir die Aufgaben und Lösungswege so zu erklären, dass ich sie danach auch allein nachvollziehen konnte. So konnte ich in Mathematik und Physik in diesem schwierigen Halbjahr jeweils das Prädikat „ausreichend“ halten. Und ausgerechnet in diesen beiden Fächern musste ich dann mein mündliches Abitur ablegen. Letztlich ist es dann doch zufriedenstellend ausgegangen. Eines weiß ich noch von den Prüfungen: In Physik musste ich das „Bohr´sche Atommodell“ erklären. Hierauf war ich allerdings vorbereitet. Im „Zeugnis der Reife“ vom 23.2.1965 ist daher unter „Kenntnisse und Fähigkeiten“ für alle Zeit festgehalten: Mathematik: ausreichend / Physik: befriedigend. Im Nachhinein ist für mich noch ärgerlich, dass ich auch im Fach Deutsch nur ein „befriedigend“ erhalten habe. Die Note „gut“ ist u.a. in den Fächern „Englisch“ und „Leibesübungen“ eingetragen, was mich im Studium genau zu dieser hoffnungsvollen Fächerkombination verleitet hat. Es sollte sich als Irrtum herausstellen, zumindest im Hinblick auf die hochgesteckten Anforderungen des breitgefächerten Sportstudiums.

7) Das vergebliche Ringen um den „Fritz-Walter-Pokal"

Apropos Sport, in diesem Fall Fußball: hier habe ich mich in der Oberstufe, sozusagen als mitspielender Coach, viele Stunden um eine schlagkräftige Fußball-Schulmannschaft des Lessing-Gymnasiums gekümmert; habe Spieler aus anderen Klassen zu Testspielen eingeladen, dann die Mannschaft aufgestellt und mit ihr nach erfolgreicher Vorrunde sogar den Einzug ins Endspiel um den heißbegehrten „Fritz-Walter-Pokal" geschafft. Im Halbfinale drehten wir gegen das Team vom Görres-Gymnasium einen 0:4 Rückstand in einen unglaublichen 5:4 Sieg. Nach diesen Erfolgen ist es mir in einem persönlichen Gespräch mit dem Schulleiter, dem Oberstudiendirektor Hüben sogar gelungen, ein neues, einheitliches Trikot für unser Schul-Team zu erhalten. Ich durfte es sogar persönlich aussuchen und wählte die Farbkombination blau-schwarz gestreift aus, die stark an Inter Mailand erinnerte. (Blau war schließlich auch die Lessing-Farbe.) Leider verloren wir dann im Endspiel knapp gegen das Team des spielstärkeren Rethel-Gymnasiums, was mir in der Abi-Bierzeitung den spöttischen Spruch bescherte: „Wußten Sie schon, daß Jürgen einmal in der Woche heimlich ins Rethel-Gymnasium schleicht, um den Fritz-Walter-Pokal zu putzen?" So sehr ich auch unseren Lehrer Schmücker mochte, mit einer abfälligen oder eher geringschätzigen Bemerkung hat er dann auch mich gekränkt. Als er nach dem Ausgang eines dieser Schulspiele fragte und das siegreiche Ergebnis erfuhr, antwortete er flapsig: „Na, ist ja auch kein Wunder, wenn du denen immer durch die Beine läufst..." So machte er sich auf meine Kosten lustig und erntete auch noch den grölenden Beifall der restlichen Klasse. Neben Reinhold zählte ich schließlich zu den Kleinsten in der Klasse. Durch diese wohl witzig gemeinte Bemerkung hat Schmücker dann tatsächlich bei mir viel an Sympathie eingebüßt.

8) Die „Große Schulstaffel“ und das wiederholte Qualifikationsrennen

Nachhaltig in Erinnerung sind auch die großen Leichtathletik-Feste im Rheinstadion, bei denen das Lessing-Gymnasium besonders in der „Großen Schulstaffel“ immer gut abschnitt. An dieser Staffel waren alle Jahrgänge von der Sexta bis zur Oberprima beteiligt, jeweils mit unterschiedlichen Laufstrecken. Es muss in der Quinta gewesen sein, als wieder gute Läufer für dieses Ereignis gesucht wurden. Der schon ältere, weißhaarige Studienrat mit dem eigenartigen Namen „Prediger“ hatte den agilen Peter und mich auserkoren, um den noch freien Platz in der Schulstaffel zu kämpfen. Es kam in drei Wochen zu drei Qualifizierungsläufen: den ersten gewann ich knapp und freute mich schon über meine Teilnahme. Doch in der Woche darauf kam Prediger zu uns und setzte einen neuen Vergleichslauf an, den dann Peter ebenso knapp gewann. Daraufhin kam der gewissenhafte Prediger erneut ins Grübeln und entschied sich, um keinen unfair zu behandeln, für ein drittes Ausscheidungsrennen. Dieses fand in der folgenden Woche statt. Da ich unbedingt an der „Großen Schulstaffel“ teilnehmen wollte, überzeugte ich meinen Vater davon, dass ich dafür unbedingt Spikes bräuchte. Die durfte ich mir dann tatsächlich kaufen, und es gelang mir dann im dritten Anlauf, die Qualifikation für mich zu entscheiden. War das nun Wettbewerbsverzerrung oder einfach Cleverness? Peter blieb danach dennoch mein Freund, mit dem ich zum Beispiel gemeinsam lustige Dialoge des Stücks „Diener zweier Herren“ auf mein neues Tonband gesprochen habe. Peter hat dann in der Mittelstufe ganz plötzlich unsere Klasse verlassen. Ob es allein an den Noten lag, weiß ich bis heute nicht. Apropos „Große Schulstaffel“: In dem Jahr, an dem auch ich teilnehmen durfte, mit dem blauen „L“ auf der Brust, gewann Lessing diesen Wettbewerb und stellte damit mal wieder seine sportliche Stärke unter Beweis. (Inzwischen hat es sich übrigens schwerpunktmäßig zu einem Sportgymnasium entwickelt.)

9) Die Aufenthalte im Schullandheim

In guter Erinnerung sind auch noch die Aufenthalte im Schullandheim Hitzenlinde im Allgäu. Unser Klassenlehrer Schmücker motivierte uns dort zu längeren Wanderungen. Ein Referendar, dessen Name ich leider vergessen habe (oder hieß er tatsächlich Grünlich?), zeigte uns vor Ort in der freien Natur, wie anregend Biologieunterricht sein kann. Im Gegensatz zu den staubtrockenen Lektionen anhand der Schautafeln im SCHMEIL-Biologiebuch zeigte er uns konkret die Pflanzenwelt am Wiesenrain, so u.a. die Schafgarbe, das Wiesenschaumkraut oder Liguster; so machte es mir zum ersten Mal Spaß, Pflanzen oder auch Schmetterlinge zu bestimmen.

Verstört hat mich damals eine Situation mit Mitschülern, darunter auch als Wortführer Helmut H., der unsere Klasse im nächsten Schuljahr schon verließ. Als die Gruppe mich mit einem Haselnussriegel der Marke „Hanuta" antraf - sie war in einem der Päckchen aus Mutters Lebensmittelgeschäft - und mich belustigt rätseln ließ, woran mich denn das Wort erinnert. Ich sollte doch mal die erste Silbe „Ha" weglassen, - doch ich kam immer noch nicht drauf. Und wenn du dann noch ein „t" einfügst... Es dämmerte bei mir immer noch nicht. Die Mitschüler kriegten sich vor Lachen gar nicht mehr ein und wiederholten nun ständig „Nutte - Nutte - Nutte". Dass ich das immer noch nicht lustig fand, zeigt, wie „unschuldig" ich da als Quintaner noch war.

Beim zweiten Schullandheimaufenthalt ebenfalls in Hitzenlinde (ganz in der Nähe von Sonthofen) wurde oft Tischtennis gespielt. Da kamen einige Klassenkameraden auf die Idee, ein Turnier durchzuführen. Da ich als guter, vielleicht sogar der beste Spieler galt, wollten mich alle herausfordern, um mich zu schlagen. Da ich mich zugegebenermaßen diesem Konkurrenzkampf nicht aussetzen wollte, - der Nimbus des besten Spielers reichte mir -, verzichtete ich auf die Teilnahme an diesem Turnier, was nicht alle verstanden und mir viel Hänselei einbrachte. So wurde ich noch Tage danach von einigen Feigling genannt und auf dem Schulhof mit dem Namen „Wassereimer“ verspottet. Es war rückblickend keine gute Idee und vor allem auch nicht fair den anderen gegenüber, an diesem Turnier nicht mitzumachen, kurzum „zu kneifen“. Die Stimmung in der Klasse war noch lange Zeit danach gegen mich gerichtet. Es grenzte bisweilen an Mobbing, obwohl es den Begriff damals noch gar nicht gab.

10) Willibalds Rolle in der Klasse

Ich gehörte ohnehin nicht zum harten Kern der Klasse und verstand mich eher als Einzelgänger oder Außenseiter. Das zeigte sich auch an meinem äußeren Erscheinungsbild, vor allem an meiner im Vergleich zu den Klassenkameraden eher modischen Kleidung. Dies führte genau am 2. Oktober 1964 zu dieser sonderbaren, aber bezeichnenden Aktion. Die Klasse führte anlässlich meines Geburtstags eine Sammlung durch und überreichte mir dann den Pfennigsbetrag mit einem Zettel, den alle unterschrieben haben; es waren immerhin 19 Mitschüler. Es dürften nicht mehr als zwanzig Pfennige gewesen sein. Auf dem Ringbuchblatt ist handschriftlich zu lesen:

Lieber Willibald (so nannte man mich ab und zu),

zu deinem 19. Wiegenfeste / wünschen wir Dir nur das Beste. /

Möge man Dich nie verhauen. / Viel Erfolg auch bei den Frauen. /

Noch hast Du Hosen viel zu wennig, / für´ne neue Selbach-Hose

gibt Dir nun jeder einen Pfennig./

Doch bevor Du Geld verschwendest / Denk daran, wir danken Dir /

wenn Du eine Runde spendest.

Ich weiß beim besten Willen nicht mehr, wie ich darauf reagiert habe und ob ich tatsächlich eine Runde spendiert habe. Immerhin ist dieser inzwischen leicht vergilbte DIN A 5-Zettel ein einzigartiges und zudem originelles Stück, das bestimmte Momente der Schulzeit dokumentiert. Ich bin daher froh, dass ich ihn nicht weggeworfen habe. Die Unterschriften zeigen (bis auf einen) die Namen der neunzehn Schüler des Abiturjahrgangs 1965. In der Bierzeitung zum Abitur mit dem hochtrabenden Titel „Manifestation des befreiten Geistes" findet sich auch dieser vielsagende Vierzeiler: „Alles andere, nur nicht kalt, / ist der Liebling aller Frauen, / Was wir nicht im Traum uns trauen, / schafft der schöne Willibald."

Vielleicht wirkte da auch noch eine frühe, unbedachte Bemerkung nach, zu der ich mich mit 16 oder 17 habe hinreißen lassen. Als ich in der Pause aus einer Flasche Coca-Cola trank, stellte ich leider zu spät fest, dass der Hals der Flasche beschädigt war und der scharfe Rand des Glases meine Lippen verletzt hatte. Klassenkameraden sahen das Blut an meinem Mund, und mir fiel nichts Besseres ein, als in Gedanken an meine erste Freundin Evelyn, die „Lolita von der Himmelgeister Straße" zu sagen: „Jetzt kann ich nicht mehr küssen..."

Das war auch die Zeit, in der ich oft englische und amerikanische Popsongs hörte. Mit einem der Klassenkameraden, Horst L., habe ich mich regelmäßig über die englischen Hits der Top Twenty ausgetauscht, die im damaligen Radiosender BFN (=British Forces Network) gesendet wurden; dazu zählten auch die frühen Hits von Cliff Richard „Dynamite" und „High Class Baby". Horst sah gut aus, war damals schon als Gitarrist Mitglied in einer Band und ist später folgerichtig in der Musikbranche gelandet. Eine der Bands hieß „Lilac Angels" und war auch mit ihrer rockigen Musik, unverkennbar den Rolling Stones nacheifernd, über die Grenzen Düsseldorfs hinaus bekannt. Gerne hätte ich mich mit ihm beim Klassentreffen 2015, also nach 50 Jahren Abitur, über seinen musikalischen Werdegang ausgetauscht, doch leider war er krankheitshalber verhindert. In einer Mail schreibt er noch „hoffentlich ein anderes Mal". Doch ein anderes Mal wird er nicht mehr geben, er ist 2017 in Quickborn gestorben.

Mein Faible für englischsprachige Songs war schon früh ausgeprägt. Dies belegen auch diese überraschenden Zeilen in der Abiturzeitung: „Wie wir soeben erfahren haben, soll ein gewisser Jürgen Willbert (mit doppeltem l!) versprochen haben, sich dergestalt der Gesundheit der Allgemeinheit zu opfern, als er seinem Schlagergegröle selbst ein Ende bereitet." Ich war zwar bis zu meinem Stimmbruch im Schulchor, doch, dass ich in der Klasse laut gesungen haben soll, daran kann ich mich beim besten Willen nicht mehr erinnern. Und Gegröle ging mir eigentlich schon immer gegen den Strich. Der Schreibfehler bei meinem Nachnamen lässt möglicherweise den Schluss zu, dass die Klassenkameraden mir eine besonders ausgeprägte Willensstärke zuschrieben - oder war es doch nur Nachlässigkeit?

Mein großes Interesse an englischsprachiger Musik führte einmal sogar zu einer nachträglichen Korrektur eines angeblichen Fehlers in einer Englisch-Klassenarbeit. Studienrat E. hatte in meinem Aufsatz die Wendung „think it over" rot angestrichen: Es müsse richtig heißen „think about it". Als ich ihm dann am nächsten Tag eine Schallplatte von Buddy Holly zeigte mit dem Titel „Think it over", hat er tatsächlich seine Korrektur zurückgenommen, mit der hilfreichen Bemerkung, der Songtitel wäre amerikanisches Englisch. Dadurch ist der seinerzeit eher unauffällige Studienrat E. in meiner Achtung gestiegen. Leider konnte auch er am Klassentreffen 2015 wegen Erkrankung nicht teilnehmen.

11) Zwei Rabauken in der Klasse

Vorübergehend hatten wir in der Mittelstufe einen schlohweißen Englischlehrer A., der große Disziplinprobleme vor allem mit zwei neuen Schülern hatte. Obwohl die beiden nur kurze Zeit bei uns weilten, sind ihre Namen nach wie vor bekannt, wenn nicht gar berüchtigt: Klein und Blaschke. Und diese beiden trieben vor allem den Studienrat A. zur Weißglut. Die Situation eskalierte einmal derart, dass sich Lehrer und Schüler erst wie Kampfhähne direkt gegenüberstanden und dann wie wild durch die Bankreihen verfolgten. A. verlor zunehmend die Fassung und brüllte (in diesem Falle) den großgewachsenen Blaschke vergeblich an; dieser baute sich jedoch in seiner ganzen Länge und mit seiner ganzen Muskelmasse vor ihm auf. In der Klasse war es bedrückend still, denn alle befürchteten eine handgreifliche Auseinandersetzung. Doch der körperlich Unterlegene und zudem auch Ältere und Klügere der beiden Kontrahenten wich zurück und verließ wutschnaubend – mit hochrotem Kopf - den Klassenraum. Es dauerte dann nicht mehr lange, bis wir einen neuen Englischlehrer erhielten, einen Lehrer namens Horvath, der aus der DDR kam. Die beiden Rabauken gaben übrigens nur ein kurzes Gastspiel in unserer Klasse. Doch ihr Beispiel zeigt, wie man sich durch ungehöriges Benehmen auch nachhaltig einen Namen machen kann.

12) Ein ganz anderer Lehrertyp

Mit Horvath lernten wir einen ganz neuen Lehrertyp kennen, der den Unterricht mit einer bisher unbekannten witzigen, ja kalauernden Note belebte. Er versuchte so die Schüler für sich zu gewinnen, was ihm auch überwiegend gelang. Von keinem anderen Lehrer sind mehr Sprüche in der Abiturzeitung abgedruckt. Dazu zählen u.a. solche flapsigen Bemerkungen: „Ich hab nun mal ´ne Liebe zur Kreatur, sonst wäre ich ja nicht Lehrer geworden!“ Oder: „Der M. (ein stets hungriger Mitschüler) frisst. Das ist die einzige Tätigkeit, die er vollendet beherrscht.“ Auch an diesen eher platten Witz kann ich mich noch erinnern: „In der DDR steht sogar SED auf der WC-Tür, wenn die Toilette besetzt ist. Bedeutet: Sitzt Einer Drauf“.

13) Die Klassenfahrt nach Wien

In dieser Rückbesinnung auf die Schulzeit darf ein besonderes Ereignis nicht fehlen: die große Abschlussfahrt mit Schmücker in die österreichische Hauptstadt WIEN. Sie hat bei mir viele nachhaltige Eindrücke hinterlassen. Das kulturelle Besuchsprogramm war vollgepackt, wenn nicht gar überladen: „Tosca" im Opernhaus, Nestroys „Einen Jux will er sich machen" im Burgtheater, Spanische Hofreitschule und Stephansdom. Das Programm war in Teilen für uns Schüler zu ambitioniert. Zu einem Eklat führte die Besichtigung der Katakombe im Stephansdom. Da ließen einige übermütige, undisziplinierte Schüler Knochen mitgehen, die sie nachts im Gästehaus Pötzleinsdorf Mitschülern unter die Decke steckten; ich blieb zum Glück davon verschont. Es sollte alles bloß ein Scherz sein, doch Schmücker fiel aus allen Wolken, als plötzlich Polizisten auftauchten, um zu ermitteln und das makabre Diebesgut sicherzustellen. Über diesen üblen „Schülerstreich" habe ich mich schon damals geärgert und fremdgeschämt. Rückblickend gilt Schmücker nach wie vor mein Dank, diese strapaziöse Fahrt mit einer teilweise kulturell wenig interessierten Klasse geplant und durchgeführt zu haben. Übrigens von Reinhold und mir, den beiden Kleinsten in der Klasse, gibt es noch Schwarz-weiß-Fotos, die uns im Park von Schloss Schönbrunn zeigen.

14) Unser zweiter Klassenlehrer

Vom zweiten Klassenlehrer Slawik bleibt festzuhalten, dass er ein Pedant oder auf Rheinisch „Korinthenkacker" war und von jedem Einzelnen hohe Leistungen in Deutsch verlangte. Die vielen Stunden, in denen wir Zeichensetzung und Satzteile genauestens bestimmen mussten, ausgerechnet in ausufernd langen Texten von Heinrich von Kleist anhand von Strichen und Bögen, haben sich für mich durchaus ausgezahlt, was zum Beispiel die eigene Sicherheit in der Zeichensetzung betrifft. So mancher Mitschüler ist jedoch an Slawiks autoritärem Unterrichtsstil verzweifelt. Seine Aufgaben, in schriftlicher Form zu schildern, wie unsere Vorfahren namens Tack und Tanil bestimmte Gebrauchsgegenstände erfanden, wie etwa einen Schlitten oder ein Segelboot, haben auch nicht bei allen die Fantasie und kreative Erfindungsgabe gefördert, zumindest nicht bei den Schülern, die für so etwas keine Antenne hatten. Zudem hat seine unerbittlich strenge Notengebung dem einen oder anderen Schüler die Lust am Lernen auf Lessing verdorben. Man könnte aber auch sagen, er war respektiert, besser gesagt gefürchtet, keinesfalls Fall beliebt. So ehrgeizig und zielstrebig, wie Slawik als Lehrperson war, verwundert es nicht, wie schnell er die Karriereleiter hinaufgestiegen ist und schon bald Direktor an einem anderen Düsseldorfer Gymnasium (meines Wissens Comenius) geworden ist.

15) Ein wenig inspirierender Kunstunterricht

Was den Kunst-Unterricht betrifft, so habe ich ihn als wenig inspirierend und motivierend erlebt, und das, obwohl uns eine Zeitlang der inzwischen längst berühmte Künstler M. unterrichtete. Doch damals zeigte er uns in erster Linie Dias von Kunstwerken und erläuterte sie langatmig. Es war zumeist die letzte Stunde, was dazu führte, dass nach und nach Schüler den verdunkelten Saal im Obergeschoss verließen. Dies setzte sich in den folgenden Wochen fort, bis am Ende der Kunststunde nur noch wenige Schüler anwesend waren. Das schien M. aber zunächst wenig zu interessieren; er packte schnell seine Sachen zusammen und brauste mit seinem schnittigen Automobil der Marke „Triumph Spitfire" auf der Eller Straße davon. Als ich merkte, dass ich zu den ganz wenigen Schülern zählte, die bis zum Schluss durchhielten, entschloss auch ich mich, als fast alle bereits im Dunkeln den Unterricht klammheimlich verlassen hatten, ihrem Beispiel zu folgen. Doch ausgerechnet an diesem Tag ist es M. dann aufgefallen, weil kaum noch ein Schüler im Raum war, als er zum Schluss im Saal das Licht eingeschaltet hatte. Danach musste fast die gesamte Klasse beim Direktor „antanzen", um eine Rüge zu erhalten. Von der eigentlichen Ursache, dem völlig uninspirierten Kunstunterricht, war hingegen keine Rede. Später ist mir M. oft in den Medien begegnet, nachdem er sich auch international einen Namen als Künstler u.a. der Gruppe Zero gemacht hatte; faszinierend auch seine Lichtinstallationen in der

Wüste. Nach wie vor zählt zu seinen Markenzeichen seine semmelblonde Tolle, die er seinerzeit schon mit einer Hand unaufhörlich wie kunstvoll über seinen in Teilen schon kahlen Schädel drehte. Diesen Tick hat er bis auf den heutigen Tag behalten, wie TV-Bilder belegen.

16) Vom Kommen und Gehen in der Klasse

Es gab im Laufe der neun Schuljahre wahrlich ein Kommen und Gehen, was sowohl die Lehrerseite als auch die Schülerseite betrifft: laut Schulzeitung von Ostern 1965 sind wir von insgesamt 36 verschiedenen Lehrpersonen unterrichtet worden. Doch nur wenige davon haben sich uns nachdrücklich ins Gedächtnis eingeprägt. Auf der anderen Seite blieben von 49 Schülern, die hoffnungsvoll in der Sexta die Schullaufbahn begannen, bloß 11 Schüler übrig, die den Abschluss der „Reife" ohne Ehrenrunde oder „ohne Verlängerung der Jugendzeit" schafften. Gern wüsste ich mehr über einige ehemalige Mitschüler, die auf der Tour zum Abitur unseren Klassenverband verließen oder verlassen mussten. Einer unserer Ex-Schüler, Wolfgang D., ist zum Beispiel Professor an der Universitätsklinik Dresden geworden. Er ist im Juli 2014 nach kurzer schwerer Krankheit gestorben. Im Nachruf in der Zeitschrift „Frauenarzt" 55 (2014), Nr. 9 ist u.a. zu lesen: „Prof. D. war aufgrund seiner profunden wissenschaftlichen Kenntnisse und klinischen Erfahrungen hoch geschätzt."

17) Eine „ausgefallene" Party

Ein älterer Schüler namens Joachim, der in der Oberstufe kurzzeitig mal zu uns gestoßen ist, ruft eine Episode in mir wach, an die ich nicht mehr so gern denke. Durch ihn erhielt ich eine Einladung zu einer Party in der Klosterstraße. Ich fühlte mich geehrt, zu den eingeladenen Mitschülern zu zählen; zog mich also entsprechend an und machte mich abends auf den Weg, mit einer Flasche Martini aus dem Laden meiner Mutter. Nur hatte ich die Hausnummer vergessen und sucht nun dort auf der Klosterstraße die Partywohnung. Es dauerte über zwei Stunden, bis ich am richtigen Ort angelangt war; dort wurde ich immerhin von jungen Frauen herzlich begrüßt. Die Party, wie angekündigt tatsächlich mit weiblicher Beteiligung, war schon in vollem Gang; also versuchte ich möglichst schnell ebenfalls in Stimmung zu gelangen und trank diverse Gläser Alkohol, vorzugsweise aus der mitgebrachten Flasche Martini – und das eindeutig zu häufig und zu schnell. Mit dem fatalen Ergebnis, dass ich, kaum angekommen, auf der Toilette verschwinden musste, als mir speiübel wurde. Dort muss ich stundenlang verweilt haben, denn als ich wieder herauskam, war die Party schon vorbei. Einige der netten jungen Frauen kümmerten sich dann noch fürsorglich um mich, bis ich wieder einigermaßen hergestellt war, um den Heimweg anzutreten. Diese Party zählt zu den frühesten und sonderbarsten, im wahrsten Sinne des Wortes „ausgefallensten", die ich erlebt habe (denn sie fand im Grunde ohne mich statt); und wieso kann ich mich ausgerechnet bezüglich dieses Abends „zum Vergessen" nicht auf meine Vergesslichkeit verlassen?

18) Resümee

In der Bierzeitung zum Abitur finden sich noch diese interessanten Zeilen über eine „innere Wandlung" in der Klasse (übrigens von Sexta bis Oberprima eine reine Jungenklasse), die ich hier gleichsam als diskussionswürdiges Resümee zitiere: „Aus einer der wildesten und wohl (...) gefürchtetsten Klassen wurde eine halbwegs gesittete, ja, wie wir auch hören mußten, eine zurückhaltende Klasse."

Was nun jeder Mitschüler aus seiner Schulzeit behalten hat und welche Personen oder Situationen ihn maßgeblich beeinflusst oder beeindruckt haben, muss jeder für sich selbst entscheiden. Vielleicht helfen ja diese, meine ganz subjektiven Aufzeichnungen bei der eigenen Rückschau und Selbst-vergewisserung, sie dienen vielleicht als Denk- oder Erinnerungsanstoß. (Über eventuelle Korrekturen und Richtigstellungen in meiner Schilderung bin ich dankbar.

Denn die Erinnerung kann einem schon mal „einen Streich spielen".)

Das Abitur ist zwar jetzt schon fast 59 Jahre her, doch für neugierige, immer noch lernbereite Altersgenossen ist es nie zu spät. Und denkt daran: Man bleibt jung, solange man noch lernen, neue Gewohnheiten annehmen und Widerspruch ertragen kann. Das meint jedenfalls Marie von Ebner-Eschenbach. Deshalb bitte ich auch um widersprüchliche Einschätzungen. Oder schließt ihr euch generell eher der Ansicht von André Maurois an? Wer auch im Alter jung bleiben will, muss sich möglichst vieler persönlicher Erinnerungsstücke entledigen, denn Erinnerungen machen alt.

29) Letzte Dialoge mit dem Vater

(1)

Vater (V): Ich komme mir ganz komisch vor...

Sohn (S): Du hast ja auch lange und tief geschlafen.

V: Ja, das stimmt, das habe ich wohl.

S: Hast du auch etwas geträumt?

V: Nein. Jetzt träume ich... -

Und nach längerer Pause:

Was mache ich eigentlich den ganzen Tag?

(2)

Als ich meinen Vater mal wieder besuchte, war er richtig niedergeschlagen. Ich fragte ihn, was er denn habe. Da antwortete er: „Ach, die Leni will nicht mehr mit mir Kaffee trinken gehen." „Und wieso nicht?" reagierte ich überrascht, denn Leni, seine letzte Lebenspartnerin, war auch schon über neunzig Jahr alt. Der Vater: „Sie hat zu mir gesagt, ich sei kein guter Umgang mehr für sie ..." „Was soll das denn heißen?" fuhr ich fort. „Ich sei kein anregender Gesprächspartner mehr für sie", erwiderte mein Vater daraufhin resignierend.

Zwei, drei Wochen später ging es ihm schon wieder etwas besser, da antwortete er auf meine Frage, wie es denn jetzt der Leni gehe: „Ach, weißt du, das mit der Leni gibt mir nichts mehr…“

(3)

V *(auf das jeweilige Möbelstück in seinem Appartement zeigend):*

Sieh mal, das ist doch mein Sekretär… -

S: Ja, Vater, das ist dein alter Sekretär.

V: Und das da hinten ist mein Kleiderschrank …

S: Ja, das ist dein geräumiger Kleiderschrank.

V: Und daneben das ist mein Bett …

S: Richtig, da steht dein Bett.

V: Aber sag mir jetzt einmal, wo bin ich hier?

(4)

Jedes Mal, wenn ich Vater fragte, wie es ihm geht, antwortete er. „Wie soll es einem alten Mann schon gehen …“ Als es ihm einmal nicht so gut ging, versuchte ich, ihm Trost zu spenden; daraufhin fragte er mich: „Weißt du, was du bist?“ Als ich den Kopf schüttelte, fuhr er fort:

„Ein Mutzusprecher.“

(5)

Ein anderes Mal, als ich mich intensiv nach seinem Befinden erkundigte und mehrmals nach den Ursachen fragte, hob er plötzlich den Kopf und bemerkte: „Du bist ja ein Philosoph." Auf meine Rückfrage „Wieso denn?" fuhr er fort:

„Weil du den Dingen auf den Grund gehst."

(6)

Als ich meinem Vater im Alter von 93 Jahren nachmittags im Stübchen seines Seniorenstiftes ein Stück Käsekuchen mundgerecht verkleinerte und dann jeweils auf seinen Löffel schob, sah er mich plötzlich mit seinen immer noch regen grauen Augen an und fragte:

„Und wer wird dich einmal füttern, wenn du alt bist?"

KURZBIOGRAPHIE

Jürgen Wilbert wurde 1945 in Düsseldorf geboren. Nach dem Abitur 1965 am Lessing-Gymnasium in Düsseldorf studierte er an der Universität in Bonn: Englisch / Pädagogik / Politikwissenschaft. Nach der Promotion 1975 wurde er am dortigen Institut für Erziehungswissenschaft wiss. Assistent und hat neben seiner Lehrtätigkeit an einem Forschungsprojekt zum Thema „Bildungspolitik als Gegenstand politischer Bildung" mitgewirkt. 1980 wechselte er hauptberuflich in die Erwachsenenbildung (an der VHS Hilden-Haan). 1996 wurde er in der Stadt Hattingen (Ruhr) Leiter der Volkshochschule, später ist ihm die Gesamtleitung des Weiterbildungs- und Kulturbereichs übertragen worden. In seiner nachberuflichen Lebensphase ist er seit 2008 freischaffend tätig, insbesondere im Literaturbereich. 2004 wurde auf seine Initiative hin das erste bundesweite, später auch internationale Aphoristikertreffen in Hattingen durchgeführt. Dieses Ereignis gab 2005 den Impuls zur Gründung des Fördervereins Deutsches Aphorismus-Archiv Hattingen e.V. (kurz DAphA) und zum Aufbau des Aphorismus-Archivs im Stadtmuseum Hattingen. Die umfangreiche Sammlung des Archivs ist inzwischen von der Universitäts- und Landesbibliothek der Heinrich Heine Universität Düsseldorf übernommen worden. Im Rahmen der Vereinsarbeit sind diverse Tagungsbände, Dokumentationen der inzwischen neun Aphoristikertreffen, erschienen: von 2005 „Gedankenflug", hrsg. mit P. Kamburg, Klartext-Verlag Essen bis 2022 „Streitbar und umstritten", hrsg. mit F. Spicker, Edition Virgines Düsseldorf. Zudem sind im Zeitraum von 2008 bis 2022 acht Aphorismen-Wettbewerbe durchgeführt worden. Gemeinsam mit F. Spicker veröffentlichten sie 2021 einen Leitfaden „Aphoristisches Schreiben" – mit vielen kreativen Übungen. Jüngst erschien die Anthologie „Deutsche Aphoristik der Gegenwart", Düsseldorf 2023. Siehe im Einzelnen zu sämtlichen Publikationen: www.dapha.de

Der Schwerpunkt der literarischen Arbeit liegt auf der Förderung und Verbreitung der traditionsreichen Gattung des Aphorismus. Ihr widmet er sich seit vielen Jahren in Vorträgen, Lesungen, und Seminaren, vorzugsweise gemeinsam mit Friedemann Spicker. Unter dem Titel „Starke Sprüche" führte er viele Seminare in Schulen durch, seit 2008 auch interkulturelle Unterrichtsprojekte zum Thema „Andere Länder – andere Sprichwörter“. Inzwischen sind sechs eigene Aphorismen-Bücher erschienen: „Vom Naserümpfen des Gehirns“ (1991) über „Kopfwehen“ (2000) bis „Vom Hirnrümpfen – Neue Denkzettel“ (2021). Die Neuauflage seines „Deutsche Redensarten-Quiz“ (Grupello-Verlag, Düsseldorf) erscheint im März 2024. Siehe auch: www.aphoristiker.de